U1003727

生活因阅读而精彩

中国文脉系列

大地悲歌

屈原传

窦学欣 著

中国華僑出版社

图书在版编目(CIP)数据

大地悲歌:屈原传 / 窦学欣著. —北京:中国华侨出版社,
2014.8
(中国文脉系列)

ISBN 978-7-5113-4848-7

Ⅰ. ①大… Ⅱ. ①窦… Ⅲ. ①屈原(约前340~约前278)-
传记 Ⅳ. ①K825.6

中国版本图书馆CIP数据核字(2014)第191312号

大地悲歌:屈原传

著　　者 / 窦学欣
责任编辑 / 文　蕾
责任校对 / 孙　丽
经　　销 / 新华书店
开　　本 / 787毫米×1092毫米　1/16　印张/17　字数/236千字
印　　刷 / 北京军迪印刷有限责任公司
版　　次 / 2014年10月第1版　2020年5月第2次印刷
书　　号 / ISBN 978-7-5113-4848-7
定　　价 / 60.00元

中国华侨出版社　北京市朝阳区静安里26号通成达大厦3层　邮编:100028
法律顾问:陈鹰律师事务所
编辑部:(010)64443056　　64443979
发行部:(010)64443051　　传真:(010)64439708
网址:www.oveaschin.com
E-mail:oveaschin@sina.com

前言

中国大地上有一颗璀璨的明星，他照耀千古，光芒万丈。他是一个思想家，是一个政治家，是一个文学家……他的思想超越时代，充满浪漫主义的幻想；他的政治理想闪耀着忧国忧民的光芒；他的文学诗篇充满了智慧的力量。围绕在他身上的一切都是伟大而可贵的，所以他才得以在中国大地上长存。这个“他”，便是春秋战国时期的爱国诗人屈原。

屈原生于公元前 340 年，卒于公元前 278 年，楚怀王时，曾官至左徒，后被降为三闾大夫。他博览群书，娴于辞令。在政治上推行“美政”，施行变法改革，且卓有成效。对内，他主张章明法度，举贤任能；对外，主张联齐抗秦，通过外交，促成六国合纵。后来，因遭小人谗害，他先后被楚怀王与楚顷襄王流放汉北与江南。最后楚国国都被强秦攻占，他无力回天，深感政治理想无法实现，遂投身汨罗江中而死。

纵观屈原一生，他就或许不及那些成就丰功伟绩的历史先贤，他为楚国做出的贡献不过就那两件事：一是变法改革，使楚国出现短暂的中兴。二是施展外交才能，促成六国合纵。但是他为后人留下的精神财富，却是无可估量的。他正道直行，他刚正不阿，他忧国忧民，他做事执着，他洁身自好，他视死如归……他的身上有太多太多的闪光点，这是不容后人忽视的，更是值得后人学习的。

“长太息以掩涕兮，哀民生之多艰”，一个人心中是有怎样的忧国忧民的情怀，才能写出这样寓意深刻的诗句？屈原对楚国的热爱，对君王的忠心，对百姓的同情是人们无法想象的，也是人们望尘莫及的。人们只能通过他所留下的那些绝唱千古的诗篇，如《九歌》、《离骚》、《哀郢》、《怀沙》、《天问》等，来窥看一二，学习少许。

走近屈原，我们会发现，屈原的一生几乎都被愁云迷雾笼罩着。被两代君王抛弃之后，他就如一只被折断翅膀的雄鹰一样，虽报国有心，却使不上力气，这是一种痛苦的折磨与煎熬。在这折磨与煎熬中，一个人要么成疯，要么成圣。屈原没有疯，他所表现的“誓从彭咸之所居”和“虽九死而犹未悔”的态度，可以看出他的灵魂已超越生死，抵达了圣人的高度。

本书的写作目的，就在于让读者通过了解屈原的生平，感受他的爱国情怀与高尚节操。书中，作者结合史实与合理的想象，还原屈原的一生，内容从出生、成长到进京入仕、锐意改革、遭谗害被流放、从容赴死、沉尸汨罗江无所不包。细细品味，人们可以读出不一样的历史感和现实感。

此外，为了充分体现和突出屈原的诗人身份，本书在按时间叙述其生平的大前提下，又分别将《九歌》、《离骚》、《天问》等成诗经过及诗歌内容分析，单独提出来自成一章。使读者在读故事之余，还可以尽情遨游在诗海之中，而不至于有太大的跳跃感。

屈原身上所体现的爱国情怀，以及“上下求索”的执着精神，在任何时代都不过时，对任何人来说都需要学习。所以，从现在开始走近屈原，阅读屈原，学习屈原吧！这将是一件令人愉悦和倍感充实的事情。

目录

Contents

第一章

九死犹未悔：活着的端午，浪漫的诗人

屈原是中国大地上的一朵奇葩，他是文人，也是政客。人们读了他写的诗歌，便会爱上这个浪漫的诗人，人们了解了他的生平，便会深深被他所触动。人们以各种各样的形式纪念着他，端午节便是人们对他表达的最大虔诚。屈原虽早已逝去，他的身影距离我们已有两千多年了，但是他留下的气息却如春日花香，沁人心脾。

第一节 端午龙舟为君争

端午佳节由来已久，早在先秦时期，全国各地的人就会在每年农历五月初五这天举行各种活动，有的沐浴除秽，袪邪消灾，有的进行一些特殊的祭祀活动。

千百年过去了，端午节始终没有消亡，反而扩展到周边国家，与他们当地的习俗相融合，具有了独有的特点。日本的端午节现在是他们的五大节日之一，也是法定的儿童节。在日语中，“菖蒲”和“尚武”的发音相同，崇尚武士精神的日本人就把这一天看作男孩的节日，凡是家里有男孩的都会挂出“鲤鱼幡”来庆祝。在端午节，日本人不划龙舟，但他们吃粽子，挂菖蒲草，跟中国的习俗非常接近。

朝鲜半岛也在五月初五这天举行活动过端午节，他们的主要仪式有祭天、进行假面舞剧、韩式摔跤、荡秋千和跆拳道比赛等。虽然节日的内容和形式都发生了变化，但周边国家的端午节都起源于中国，所以，要说最热烈、最具特色的端午节还是中国的端午。

端午节最热闹的活动就是赛龙舟了，特别是在南方，因为河流众多，方便赛龙舟，很多地方很早就形成了赛龙舟的传统，湖南、湖北，还有江浙一带，从准备龙舟比赛到最后的比赛结束，有时可以进行整整一个月。

当初夏的太阳照耀着大地，越来越热的空气里弥漫着香草味的时候，江面上龙舟竞驰，锣鼓喧天。不管是龙舟上奋力挥桨的赛手，还是岸边呐喊喧嚣的观众，人们都沉浸在紧张欢乐的激情中。可是，当人们因为节日而兴奋快乐的时候，很少有人去想：为什么要进行这样的比赛，为什么要在五月初五这一天，把所有的热情都宣泄在江河上。

沿着历史的足迹上溯，我们就会发现，这仍然充满活力的端午节是为一个伟大的诗人，一个伟大的灵魂而存在的。即使我们不会在节日里刻意想起他，也不会表示要纪念他，但这个节日的存在就已经表明：他仍旧活在我们中华文化的精神里。

楚宣王二十八年（前 342）正月二十六日，屈原诞生在楚国一个贵族家庭里，他是楚武王熊通的后代，尽管已没有继承王权的任何可能，但要参与国家治理是没有任何疑问的。不幸的是，命运没有眷顾他这个出生在尊贵家庭、尊贵时刻的人，反而给了他诬蔑、屈辱和深深的伤痛。

屈原曾有过为民谋利的想法，有过为国效力的心思，他也曾参与国家治理，颁布法令，发号施令，获得了楚国百姓的爱戴。在屈原的辅助下，楚国的国势大振，一度在诸侯国之间有了很好的名望。可屈原最终被楚国的小人们排挤、打压，被赶出了朝堂和国都，独行荒野，空有一腔爱国热情，却没有施展才华的天地。

既然无法施展自己的抱负，屈原便将自己的满怀情愫诉诸诗歌。作为中国文学史上第一位留名的诗人，作为一个才华横溢的诗人，屈原的诗从一出现就成了一个高峰，成为中华诗歌的一大源头。

从他的诗歌里，我们读不到他具体经历过些什么事，也看不到让他痛苦悲伤的具体情况，但诗句的字里行间都流露出他的痛苦、他的愤懑，还有那些经历的事带给他的最深的伤害。然而，他没有恼怒，没有怨恨，只有深沉的哀伤和更为执着的信念。对于理想和美好他从来没有放弃，也没有忘记。遭受了各种污蔑、诋毁，甚至被驱逐到远离国都的荒郊野外，屈原也不曾改变他的心志，不曾随波逐流，与那些卑鄙、邪恶的奸佞同流合污。

也许正是这高洁的品质和坚定的信念让他挨过了一个又一个流放的日子，也正是因为他九死不悔的精神，赢得了人们对他的尊敬和喜爱。

在流放的岁月里，屈原始终心怀一线希望，希望有朝一日还能回到国都，为国家贡献一分力量。可是楚国都城被秦国大将白起攻破的消息传来后，屈原绝望了。再次回到郢都（今湖北荆州）辅佐楚王的希望越发渺茫，他心痛不已，为家国的衰败而伤心、痛苦。当他怀抱顽石站在汨罗江边时，也许想起了自己的少年时光，想起自己曾经为楚国所做的一切。然而现在所有的一切都成了虚幻，再次回到都城，再次为楚国和楚国的民众效力变得那样遥不可及。

纵身而下的屈原可能没想过他的死意味着什么。对他而言，这也许不过是结束自己悲苦的生命而已，可是对民众而言，他的死却是楚国希望的破灭，对中华文化来说，他的死是一种高洁精神的升华。

听到噩耗的楚国百姓们非常悲痛，他们自发地沿着汨罗江寻找、打捞屈原的尸体。一叶叶小舟飘荡在江面上，人们往返呼喊搜索，却一天天没有结果。有些人害怕在尸体找到之前，水里的鱼虾们会啃噬尸体，就把糯米团抛进江中，喂这些鱼虾。后来，当人们知道再也不可能找到屈原的遗体后，就在江面上举行各种活动来祭祀他。

屈原投江的那天恰好是农历五月初五，原有的习俗加上对他的怀念，端午节就逐渐演变成我们现在熟悉的模样。每年江河上喧腾的龙舟，就是当年为寻觅屈原遗体而演化来的，祭祀他的粽子则成了过节时必须要吃的一种食物。

这是怎样一种深沉而又绵延不绝的纪念？历尽心灵痛苦的屈原可能没有想到，他会以这种形式留给后人一笔丰厚的文化遗产。他的经历，他的诗歌，他高洁的人格都在代代传承的端午节里悄然延续。河面上激进的龙舟为他而争，热闹沸腾的节日狂欢也为他而在，只是，有几人知道他曾经踽踽徘徊在汨罗江边，满怀着忧愤和对美好理想的坚持。

第一节 江边孤守的骄傲

那是楚顷襄王二十一年（前 278），屈原再次被流放到遥远的山野。他满怀郁愤却没有疏解的渠道，即使伤心欲绝却也找不到能倾听他内心的人。每天，他披散着头发在江边行走，人已经非常憔悴，形容枯槁，衣服也穿得很随便。曾经的他头戴巍峨高冠，身穿大袖楚袍，腰上佩着长长的宝剑，是多么潇洒从容。可如今，他变得这样失意落魄。他吟唱着、念诵着曾经写下的诗歌，可在这荒天野地里，没有人作他的听众，江风吹过，唯有更多更深的孤独与寂寞。

就在这一年早些时候，秦国大将白起率兵入侵，以破竹之势攻克了楚国一个又一个城市，国都郢城也被攻破。白起命令手下挖平了楚国国君的坟茔，烧毁了楚国先王的墓葬。这在特别敬重祖先的先秦时期，是多么让人震惊的耻辱啊！消息传到屈原这里，他的心像针扎一样痛。他了解秦国，了解秦国的士兵，那是一群如狼似虎的人。他们一定在国都郢城里肆无忌惮，烧杀劫掠，摧毁了国都不说，还不知有多少无辜的人遭受了痛苦。

可这一切又能怨谁呢？如果楚国是强大的，如果楚王是个有宏图大略的明智国君，那秦国又怎么敢兴兵来犯？

各种思量让屈原痛苦不堪。他想起自己的努力，想起楚国曾经的强大，可现在，居然连国都都被人家攻破了，自己祖先的坟茔也被人毁坏了。他多么渴望祖国能富足强大，能在诸侯国里赢得尊贵的地位，可楚王被一群小人环绕包围，在国家的危急关头只会软弱地躲避在陈城里。楚王不理会屈原的逆耳忠言，把他流放到这荒郊野外，任凭那些小人出卖楚国的利益，损害楚国的威望。像他这样一个不肯向邪恶势力低头的人，一个宁愿孤独地漫步江边的人，又怎么能挽救陷于危亡中的祖国呢？

满怀忧伤和悲愤的屈原再次游走在江水边，江上一位打鱼的渔夫认出了他。看到屈原消瘦悲苦的模样，他惊讶地打招呼说："你不就是三闾大夫吗？你怎么成了这样啊？"屈原停下脚步，眼睛看着渔夫，但那眼神似乎已经穿透了渔夫的身体，望向一个不可知的天地。他清晰而又痛心地回答："这个世界如此浑浊，而我偏要保持清正；众人都已经迷醉了，可我还独自保持清醒，因为这样，我才被流放此地，才成了这副模样。"渔夫愣了一愣，忍不住劝他说："聪明的人是会根据世情变化而变化的。要是这个世界都浑浊了，你为何不随波逐流？要是人们都醉了，你为什么不跟他们一起喝醉呢？你这样深思高举，与众不同，当然会被他们排挤流放了。"

听了渔夫的话，屈原的身体微微一震，把游散的目光聚拢在这个渔夫的身上。难道这个渔夫说得没有一点道理吗？难道那不也是一种人生的选择吗？屈原在心里思量着，如果他肯跟楚王身边那些小人合作，那么他现在一定还保有自己的地位，也不会这样失魂落魄地在江边游荡。可是，那样的屈原还是他自己吗？他难道会为了一时荣利就丢弃自己的人格和理想吗？不，他不会的，骨子里的他就是这样骄傲，就是这样不肯低头屈服。

屈原淡淡地一笑，坚定地对渔夫说："我听说刚刚洗完头的人会弹一弹帽子上的灰再戴在头上，刚刚洗澡的人会抖一抖衣服才穿上身。一个洁净的身躯，怎么能受外物的玷辱？一颗高洁的心灵，又怎能接受俗世的污染？我就是宁愿跳到江水里葬身鱼腹，也不能让我的皓皓之白蒙上尘世的尘埃。"说完他傲然转身，坚定地迈步离开，给渔夫留下一个消瘦、坚毅的背影。

与渔夫的这番对话坚定了屈原的心，他想起远方的国都被秦国士兵蹂躏，想起躲在陈城昏庸的楚王和那帮无用的臣子，他的心碎了，冷了。然而即使这样，他也不能去乞求楚王和那帮臣子的怜悯。这个时候，他能为祖国所做的事，也许就只有一件了。

回到寓居的简陋住所，屈原拿出笔和绢帛，写下了《怀沙》一诗。

……变白以为黑兮，倒上以为下。凤皇在笯兮，鸡鹜翔舞。同糅玉石兮，一概而相量。

想起曾经被人诬蔑，想起自己努力地争辩，屈原忍不住感慨，他经历了一个黑白颠倒，上下相反的世界。在那里凤凰被关进囚笼，鸡鸭却漫天飞舞，美玉和顽石被混在一起，无法区分。有才能的人被压抑，被限制，昏庸无能的人却占据高位。楚国因此一天天走向没落，被秦国不断欺凌、侵占。屈原忍不住仰天长叹，吟唱道："世溷浊莫吾知，人心不可谓兮"，这世道太混乱了，竟没有人明白我，而人心如此，我又能再说什么呢？

是的，什么都不必说了，也不想说了，这就是屈原最后的念头。他已经决定为祖国而死，用生命来守护自己的灵魂和品格，他不想再忍受尘世的污浊，也不想再反复解释自己的忠心和高洁的行为。

那一定是一个潮热的早晨，雾蒙蒙的江边还没有多少人。太阳还在迷雾后挣扎，想要以它的光辉驱散这浓重的雾。屈原怀抱大石，站在汨罗江边一块突出的大石上，看着江面上萦绕的浓雾。在心里默默祷祝之后，他闭上眼睛，纵身一跃，跟石头一起坠入江中。江面上溅起一团白色的大水花，随后，湍急的江水就吞没了一切。

一定有人发现了他跳江。人们慢慢反应过来，那个天天在江边独行的三闾大夫跳江自沉了。渔夫也一定把他跟屈原的对话传扬了开来，人们又难过又钦佩。这个曾经为楚国尽心尽力的人，这个始终保持自己的节操和清醒的人，难道真的要葬身鱼腹，就此消逝吗?

打捞行动就这样展开了，人们都放下手头的活儿来寻找屈原。就像许多具有灵性的人一样，屈原从这个世界上消失了，没有留下任何踪迹。除了他的诗歌，他高洁的灵魂，他再也没有留下任何有形的物质。

第三节 哀而不怨爱国心

但凡历史上的名人，人们对他的评价都不会仅局限在某一方面，屈原也是如此，他是诗人、政治家，更是一个爱国者。他的爱国思想，流露在诗歌中，展现在事迹上，而源头却与其他爱国诗人的“眼观心想”不同，而是取决于其家族背景，及其从政经历。

那一年，有着屈原最难忘的时光。他意气风发，跃跃欲试地想要穷尽胸中所有治国良策，施展自己酝酿已久的才华，为君分忧，为民请命。他主张章明法度，对内举贤任能，对外联齐抗秦，改革政治，提倡“美政”。那时候，楚怀王对他还是信任的，放手给这个年轻人施展抱负的平台。而屈原也没有令楚怀王失望，楚国的国力很快得到增强。

当时，还是战国七雄的天下，而西方的秦国最为强大，时常挑衅六国。为免受秦国的残害，屈原亲赴各国进行游说，鼓励各诸侯国用联合的力量对付秦国。楚怀王十一年（前 318），屈原的努力终于有了成效，楚、齐、燕、韩、赵、魏六国君王齐聚楚国的国都郢都，结成联盟，并推举楚怀王成为联盟领袖。联盟的力量，制止了强秦的扩张，保障了各国利益，屈原功不可没。由此屈原更加得到怀王的重用，被赋予了更多的处理内政和外交的权力。

然而，好景不长。因屈原为人性格耿直，在修订法规时，得罪了许多权贵，尤其是以楚怀王儿子，时任令尹的子兰，为首的一班贵族，很是忌妒屈原，时常在怀王面前说他的坏话。说他独断专行，连楚王也不放在眼里。挑拨的人多了，楚怀王对屈原渐渐不满起来。后来，公子子兰、上官大夫靳尚和楚怀王宠妃郑袖等人，又受了秦国使者张仪的贿赂，不愿楚怀王接受屈原的政见，就极尽谗言使其疏远了屈原。

公元前 305 年，屈原因坚决反对楚怀王与秦国订立向秦国“投怀送抱”的黄棘之盟，被恼羞成怒的怀王逐出了郢都。屈原非常痛心，不是为自己，而是为楚国未来的命运担忧，他徘徊在宫门外面久久不愿离开，盼着楚怀王能醒悟过来，改变主意，可是楚怀王始终没有回心转意。至此，屈原开始了他的流放生涯，而楚怀王也在子兰等人的哄骗之下被囚于秦国，至死方归。君臣隔阂的悲哀，家国命运的惨淡，使屈原满含热情的胸腔千疮百孔，哀痛不已。

楚顷襄王即位后，屈原仍受到迫害，并被放逐到江南。此时的屈原已不似意气风发的当年，而是空有报国心而无处施展。好在内心悲哀的屈原还没有绝望，他不怒不怨，想要用仅存的一点力量，唤醒迷失的楚国上层，给仍在挣扎中的楚国民众寄去些许希望，于是他的又一爱国寄托——诗歌，出现了。

屈原写下许多不朽诗篇，寄托自己流放后的满腹忧愁哀痛，在诗中抒发了炽热的爱国思想，表达了他对理想的不懈追求，以及“虽九死而犹未悔”的报国决心。就这样，江边多了一位衣衫落魄却目光炯炯的诗人，他时而引吭高歌，时而掩面悲泣，引得鱼儿雀跃、路人叹息。于是他有了“众人皆醉我独醒”的无奈，有了“长太息以掩涕兮，哀民生之多艰”的揪心，有了“乘骐骥以驰骋兮，来吾导夫先路”的畅想……

他在无奈什么？揪心什么？畅想什么？无非是为楚国的命运奔走呼号，为国人愚昧懵懂敲响警钟，他把“爱国”二字深深刻在心头，时时落实在行动上，就像孝顺的孩子担心年迈的老母亲不忌嘴乱吃东西、爱逞强劳心劳力，以致病入膏肓，随时会撒手人寰一般。

后来，屈原的担忧应验了，楚国的处境越来越糟，而这位伟大的诗人也终于“美人迟暮”般地慢慢苍老了。但是他复兴楚国的希望之火，却一天也没有熄灭过，每个关于楚国的消息传来都令他坐立不安。虽然自己被楚怀王疏远流放，可是一想起怀王是因拒绝割让黔中才死在秦国的，他便决意到黔中郡看看，随后还在溆浦（今湖南省怀化市辖县）安顿下来。因心里燃烧着爱国的火焰，可又对国家危亡无能为力，他只能每天在山边湖旁焦急地踱着残碎的步子，将所感所想付诸诗歌。

屈原的诗歌，篇篇都流露着爱国之情，篇篇都倾诉着哀而不怨，可屈原随诗散发的一片爱国之心却并不被统治者接受，也不被众人理解，他哀痛至极，终日愁容满面。有人劝他说：“既然楚国用不着你，你何不到别国去，同样也可以施展才能啊！”

屈原不假思索地答道：“我热爱楚国，为它的前途担忧，为楚国百姓的苦难心伤，虽然我知道自己的处境不容乐观，可还是舍不得离开我的故土，我希望有一天还能为它效力。”说这些话的时候，屈原显得有些激动，但他知道自己心中所坚持的事情已随着这番话的道出而变得更加明朗起来。

就这样，屈原依旧怀揣着滚烫的爱国心，站在旁人无法理解的高度，继续抒发着关心祖国人民的感情。是悲也好，是喜也罢，他都坚守着，长路漫漫，屈原追求真理的决心始终没有动摇，始终梦想着自己的“美政”思想可以在楚国开花结果。

可是，这最后的寄托也没能维持多久。楚顷襄王二十一年（前278），当秦将白起进攻楚国，占领郢都，毁坏楚国的宗庙和陵墓，楚国将要灭亡的消息传来时，屈原仅存的一点爱国寄托被炸成了一具空壳……“是的，是该结束的时候了，国将不国、家将不复，我已无力回天，这世间还有什么值得留恋的呢？”屈原想。于是，屈原怀揣着没有实现的理想和对楚国百姓命运的迷茫，昏昏沉沉地走到了汨罗江边，根本来不及思索自己此生的遭遇值得或者不值得，就本能地纵身一跃……

江水飞溅，万民悲痛。屈原的爱国之心虽然随身沉入江中，可他的爱国之情被历史和人们所铭刻。

第四节 浪漫诗句耀千古

作为一名爱国者，屈原忧国忧民，不管自己如何遭到排挤，他的爱国心却始终忠贞不渝。而屈原除了是一名伟大的爱国者以外，他还是一位伟大的浪漫主义诗人。他创立了“楚辞”的新文体，并开创了“香草美人”的传统。他的诗歌创作，标志着中国诗歌进入了一个由集体歌唱到个人独唱的新时代。悠悠岁月以来，屈原的爱国心，屈原的诗作，影响了中国一代又一代人。

虽然屈原的一生，是不得志的一生，但屈原却为人们留下了许多不朽名篇，成为中国古代浪漫主义诗歌的奠基者。他的主要作品有《离骚》、《九章》、《九歌》、《天问》、《招魂》、《怀沙》等。在这些作品中，屈原抒发了自己炽热的爱国主义情感，体现了他对理想的不懈追求及为此“虽九死其犹未悔”的执着精神。而由他所开创的“楚辞”更是独树一帜，与《诗经》并称为“风骚”二体，对后世诗歌创作产生了深远影响。

在屈原的浪漫主义诗作中，最具代表性的作品就是《离骚》了。其中几乎人人都耳熟能详的千古名句“路漫漫其修远兮，吾将上下而求索”，便是出自于《离骚》。公元前340年，屈原出生于楚国夔地（今湖北秭归）的一个贵族家庭，他在少年时期，便拥有非凡的治国才能，因此，年纪轻轻便受到了楚国国王楚怀王的重用。这时候的屈原，满怀理想和抱负，本想着要凭借着自己的才能，为楚国，为楚国的老百姓奉献自己的一分力量。然而，与他同朝为官的上官大夫忌妒他的才能，在楚怀王面前进谗言，刚开始楚怀王不相信，但说的人多了，楚怀王便渐渐疏远了屈原，后来更是把屈原放逐到了江南。

忠而遭谤，被楚怀王疏远、放逐的屈原，满腹忧思。正是在这种情况下，屈原有感而发，创作出了千古名作——《离骚》。《离骚》是我国古典文学中最早最长的抒情诗。作者在诗中既表达了自己“长太息以掩涕兮，哀民生之多艰”的忧国忧民情怀，又表达了自己对楚怀王的劝谏之意——“不抚壮而弃秽兮，何不改乎此度?”而给楚怀王的具体建议则是“彼尧舜之耿介兮，既遵道而得路。何桀纣之猖披兮，夫唯捷径以窘步。”当然，屈原更是表达了自己对楚怀王的一片忠心——“荃不察余之中情兮，反信谗而齌怒。余固知謇謇之为患兮，忍而不能舍也。”可以说，《离骚》带有很强的自传性色彩，通篇诗作所表现出来的浩然正气，气壮山河，可与日月争光辉。

而事实上，在屈原创作《离骚》之前，就已经创作出了文采斐然的《九歌》。《九歌》是屈原根据民间祭神乐歌改作或加工而成的。在《九歌》中，表达最多的主题便是爱情。但是，《九歌》中的爱情却大多都是不圆满的，而是一曲曲令人荡气回肠的爱情悲歌。这似乎也暗示了屈原失意人生的投影。和早期诗歌的以写实为主的表现形式不同，屈原的《九歌》开创了浪漫主义诗歌先河，通篇想象力之丰富，令人称奇。正因如此，自《九歌》一问世，便给屈原带来了无限的美名和荣耀。然而，如今早已物是人非，《九歌》创作于屈原被放逐之前，当时正意气风发，而《离骚》却有说不尽的惆怅。

如果说《离骚》只是屈原忧思之作的话，那么《天问》便是屈原的悲愤之作了。当时屈原遭贬，楚怀王内信奸臣，外被小人张仪迷惑，先是丢了汉中，接着又听信小儿子子兰的劝说，远赴秦国，以致命丧秦地。正是在这种情况下，对楚怀王忠心耿耿的屈原，眼睁睁地看着楚国命运江河日下，而自己却无能为力，不由悲愤交加，于是《天问》便问世了。《天问》是屈原《楚辞》里最奇绝的篇章，通篇对天、地、自然、历史、哲学等提出了 170 多个问题，被称为“千古万古至奇之作”，读来令人振聋发聩。其中“皇天集命，惟何戒之？受礼天下，又使至代之？”一句强烈表达了屈原对楚国命运的担心。

然而，不管屈原如何忧国忧民，作为被放逐之人，屈原对这一切却心有余而力不足。不过，虽然屈原报国无门，但他的一颗爱国心却并没有一丝一毫的减少。只是这种忧国忧民的情怀，也唯有寄托于诗歌中了。

很多时候，现实往往是残酷的。屈原的浪漫主义情怀和理想化的报国之梦，以及对楚国怀有的最后一丝希望，最终还是被血淋淋的现实所击碎了。公元前 278 年，秦国攻下楚国都城郢都，屈原的家国梦彻底破灭。眼看国破家亡，山河破碎，百姓流离失所，忧国忧民的屈原一下子被击垮了。

最终屈原纵身跳进了汨罗江中，然而，他却永远活在了人们的心中。所以，屈原所有的诗歌创作，既不是无病呻吟，也不是聊以慰藉，而是自己爱国主义情怀和理想抱负的寄托。可以说，他是一个纯粹的爱国主义者，是一个高洁的精神卫道者，是光明和正义的化身。而作为一名伟大的爱国主义诗人，屈原以其高洁的人格及伟大的文学创作，将会永留史册。

第五节 高尚人格闪光辉

屈原作为一位颇有见解的政治家，一位令人敬佩的爱国者，一位文采斐然的大文豪，是有怎样的人格魅力，才能让千年之后的人们对其念念不忘，剖析研究，仰望致敬呢？

屈原的诗中，对他高尚人格有直白的描述，主要是内外兼备的“美”。内美是指其高贵的出身——“帝高阳之苗裔兮，朕皇考曰伯庸。”即屈原与楚怀王是同族本家；外美就是其洁身自修的德行，“纷吾既有此内美兮，又重之以修能……朝搴阰之木兰兮，夕揽洲之宿莽。”即屈原十分注重增强德才。古人云：“其身不正，为政无德，而能治国者，无之。”可见，古人对德的看中。因而对于出身于贵族家庭的屈原而言，内外兼备的德行自然是必不可少的。

屈原这种内外兼备的美，随着自身的成长经历，逐渐体现得淋漓尽致。青年时期的屈原，就曾写下为人称颂的佳作《橘颂》，一来赞美橘树高风亮节的品性，二来道出自己的人生志向。“受命不迁”、“苏世独立，横而不流兮”就是其高尚人格的写照。虽然后来屈原命途多舛，多年漂泊，可依旧不改心志，不忘修身立德。

纵观屈原短暂的一生，其高尚人格体现最好的时期是在他从政期间。我们知道屈原之所以被幼主子兰和怀王宠妃郑袖等人谗害，就是他为人刚正不阿，不愿与奸佞小人同流合污。这种不贪财、不恋权、不趋炎附势、不卖国求自保的气节，就是其高尚人格精华所在。

当然，屈原的人格魅力除了体现在他的内外兼修的“美”之外，还体现在他的“美政”追求上。屈原劝谏楚怀王勤政爱民，主张章明法度、选贤任能、改革内政，这是他忠君爱国思想的体现，而最终的目标是如尧、舜、禹、汤等帝王般施行仁政，造福万民，光耀史册。其政治理想是远大的，其爱国情怀是高尚的。后来，他虽遭到楚王“抛弃”，可心中的志向从未动摇，尽管屈原自身的命运已足够悲惨，可他无暇顾及，因为他满心都只是天下百姓的安危。

想当年，秦国设计诱惑屈原，派遣张仪带着金银珠宝巧言相劝，屈原没有动摇。张仪想：“对待这么一位死脑筋的愚忠贵族，恐怕只有离间计最管用了。”于是，一双子虚乌有的白璧使楚王和屈原之间产生隔阂。从此，屈原便由一个掌权人变成一个被排挤在政治边缘的落魄诗人，而且还是心中怀有无限抱负的落魄诗人，内心的煎熬是常人无法理解的。

忠君爱国，说起来简单做起来难，可谓“路漫漫其修远兮”，任重而道远。

忠君，维系在君臣之间的信任之绳是那么的纤弱。尽管如此，屈原依旧决然：“余固知謇謇之为患兮，忍而不能舍也。”屈原本就知道忠言逆耳，但还是依旧不顾个人安危，直言纳谏，这便是他高尚人格所在。

爱国，指引屈原爱国的仕途是那么的坎坷。尽管如此，屈原依旧执着：“岂余身之惮殃兮，恐皇舆之败绩。”屈原不怕自己遭遇灾祸，怕只怕国家倾颓颠覆。他这种“先天下之忧而忧，后天下之乐而乐”的爱国心，令人钦佩。

屈原是感时忧国的忠臣，是追求安定和谐的先驱。在战国末期那样一个“举世皆浊”的时代，到处充斥着纵横辩说的火药味，到处上演着不择手段、角逐功利的戏码，“朝秦暮楚”、“楚材晋用”更是平常小事。在这样一个年代，拥有高尚人格的人如同在夹缝中生存，尤其是对屈原而言，对内是君臣百姓的重重考验，对外是周围列国的威逼利诱，想要洁身自好、坚持真我并非易事。但屈原心中有一把尺，这缘于屈原长期的洁身自修，即使有一天在两股力量间无法找到平衡点，他也会把着尺度，无愧于心；即使处境糟糕到变成人们眼中的“疯子”，屈原也依旧不改本心，继续热爱着他的家国，并用尽全力去死死托住楚国那道即将分崩离析的围墙。

好一个坚贞不屈，“举世皆浊我独清”的屈原！看到这样的屈原，或许有人会忍不住问道：“三闾大夫，您这样活着不累吗？”屈原便会回答说：“吾不能变心而从俗兮，固将愁苦而终穷。”是的，屈原不是不想活得轻松，而是内心的坚持让他不得放松，不能去顺从世俗，所以也就难免愁苦终生不得志。但是事实上，屈原的内心深处应该是释然的，因为他努力地坚持了自己认为对的东西，而没有随波逐流。

如果说，忠君爱国思想是屈原在艰苦中活着的精神支柱，那么诗歌就是其强大的食粮补给。并且屈原高尚的品格和精神，也正是通过他的文学作品得以被人们所熟知。屈原的诗歌，与其说是敲给君王、百姓的警钟，倒不如说是写给自己的日记。因为诗歌中既有他毫不矫揉造作的自我肯定及批判，也有他毫无掩饰的内心独白的抒发。诗歌中他为自己的出身自豪，为自己的遭遇叹息，为楚国的前途担忧，这是他“真”的一面，是其人格魅力所在，颇有“身在牢狱不忌惮，居于庙堂常怀忧”的情操。

屈原的高尚是一种境界，千百年来，一个又一个文人骚客写下与屈原相关的诗篇，以个人的经历及感悟去剖析屈原高尚的人格内涵。唐朝大诗人李白就曾作诗“屈平词赋悬日月，楚王台榭空山丘”来彰显屈原的伟大楚王的渺小；唐人文秀也感慨“堪笑楚江空渺渺，不能洗得直臣冤”，称颂屈原刚正，同情其蒙冤；宋朝的梅尧臣更是以“沅湘碧潭水，应自照千峰”告诫后人；宋人张耒则赞赏屈原“楚国茫茫尽醉人，独醒惟有一灵均。”由此可见，屈原的高尚人格及悲惨遭遇为历代诗人所动容，由这些诗人阐释给后人更能引起共鸣。

归结起来，屈原的高尚人格其实就是千百年来中华民族所极力倡导的理想人格范式，即：道德精神、政治理性、诗性智慧。这三者在屈原身上体现得淋漓尽致，也是屈原能够吸引两千多年来的众多文人骚客驻足缅怀的原因。

屈原一生命途多变，唯一不变的始终是其高尚人格。司马迁在《史记·屈原贾生列传》中就高度赞扬了屈原的高尚：“其志洁，故其称物芳。其行廉，故死而不容自疏。濯淖污泥之中，蝉蜕于浊秽，以浮游尘埃之外，不获世之滋垢，皭然泥而不滓者也。推此志也，虽与日月争光可也。”历经千年，屈原的人格魅力在经过历史的沉淀后，闪耀着更加令人瞩目的光辉，值得永远被后人所敬仰。

第六节 前人今人齐称颂

屈原富有远见的政治理想，富有高尚的人格魅力，富有才情的浪漫诗歌及悲情的命运结局，这些让他成了家喻户晓的千古名人。在中国历史上，他是一位真正意义上的伟人，因为他的伟大，不仅受前人的歌颂，更是受今人的追捧，可谓是前人今人齐称颂。

对屈原的称赞，最盛始于汉代，西汉的汉武帝是第一个喜爱屈原的君王。汉武帝刘彻，酷爱《离骚》，极其钦慕屈原，他命作赋达82篇之多的淮南王刘安为《离骚》作传，命善于吟诵的樵夫朱买臣为他唱诵《离骚》，并因此任命朱买臣为“中大夫”。事实上，受命为《离骚》作传的刘安也是打心眼儿里仰慕屈原的才华，他称赞《离骚》兼有《国风》、《小雅》“乐而不淫，哀而不伤”的特点，说它体现了屈原“浮游尘埃之外”的人格风范，可“与日月争光”。而对于同时期的司马迁来说，屈原更是一个不容错失的史学题材。司马迁在《史记》中用大量文墨介绍屈原，并极力宣扬他的德行文采，“其文约，其辞微，其志洁，其行廉。其称文小而其指极大，举类迩而见义远……”可见，屈原在这位大史学家心中的形象是多么高大。

到了后汉时期，又一位史学家对屈原产生了兴趣，他就是班固。班固对屈原的评价是分为两个阶段的，前期是百分之百的肯定，后期是全盘否定。班固早年曾在写给东平王刘苍的奏记中将“灵均纳忠，终于沉身”与“卞和献宝，以离断趾”相提并论，认为二者都是因忠罹祸，实为忠君爱国的典范，希望东平王能够明辨忠奸，避免“汨罗之恨”的悲剧再次上演。班固还作有《离骚赞序》，分析屈原作《离骚》、《九章》的初衷，并点名屈原之死对楚国造成的严重后果及对后世的深远影响。从这些史实我们不难看出，班固对屈原忠善的行为持有赞扬的态度，对屈原沉尸汨罗含有同情的意味。可惜后来班固入仕之后，深受朝廷重用，封建正统思想渐趋浓厚，加之受其父班彪“明哲保身”思想的影响，对屈原理解便有失偏颇起来，极尽歪曲自己以及刘安、司马迁等人对屈原所做的肯定评价。

到了东汉时期，《楚辞章句》的作者著名的文学家王逸对班固后期对屈原的评价非常不满，并高调赞扬屈原“膺忠贞之质，体清洁之性，直如石砥，颜如丹青；进不隐其谋，退不顾其命，此诚绝世之行，俊彦之英也”。并在汉顺帝时，以：“逸与屈原，同土同国，悼伤之情，与凡有异。窃慕向褒之风，作颂一篇，号曰《九思》，以禅其辞”为目的，创作了《九思》。在梁代刘勰《文心雕龙》中，有一篇名为《辨骚》的美文，专门概括王逸的观点，证明屈原作品有异于《风》、《雅》，并盛赞它们同为经典。

继王逸之后，宋代的著名学者洪兴祖继续推崇屈原精神，驳斥否定屈原大义的歪风邪理。例如针对北齐颜之推发表的“自古文人，常陷轻薄，屈原露才扬己，显暴君过”之说，他就从儒家伦理观点出发给出了有力反驳：“屈原，楚同姓也。同姓无可去之义。”并指出儒家思想的鼻祖孔子也是“见危授命”的倡导者。

到了近代，随着时代的进步，人们看待问题更加理性，对屈原爱国精神、文学成就、政治抱负也有了新的认识。例如，近代学者梁启超首推屈原为“中国文学家的老祖宗”，还说：“如果生在中国，不读楚辞，不理解楚辞，枉为中国人。”现代大文学家、诗人郭沫若也称赞屈原是“伟大的爱国诗人”，是一颗闪耀在“群星丽天的时代”，“尤其是有异彩的一等明星”。鲁迅曾将屈原所作的《楚辞》与《诗经》相比较，并给予前者更高的评价：“较之于《诗》，则其言甚长，其思甚幻，其文甚丽，其旨甚明，凭心而言，不遵矩度……其影响于后来之文章，乃甚或在三百篇以上。”闻一多也曾高度评价屈原是“中国历史上唯一有充分条件称为人民诗人的人”。《中国文学史》更是将屈原视为“中国有史以来第一个伟大的爱国诗人”。

同一时期，屈原不仅在中华大地上获得了数不尽的赞誉，在世界上也赢得了极高的声誉。1953年，屈原与哥白尼等文化巨匠一起被世界和平理事会命名为世界四大文化名人。两千多年前，屈原触动了身处水深火热之中的楚国百姓的爱国神经，两千多年之后，这位伟人以别样的姿态将中国形象展现给了世界。是的，他是伟大的，他的伟大得到了世界的称颂，值得每一个中华儿女骄傲自豪！

屈原是人民的理想，是光明与正义的化身，是中国的诗魂、国魂、民族魂。在屈原的身上，有着数不尽的闪光点，人人都可以根据自身的领悟去对他加以评价。屈原给我们留下的精神财富，就好比是一本知识丰富的宝典，像中国的《红楼梦》、外国的《哈姆雷特》一样，让人常读常新。

没错，屈原本身就是一种文化，一种精神，滋养了一代又一代的华夏儿女，孕育了一批又一批的仁人志士。他的一生虽然短暂，但却是那么的辉煌，为我们谱写了一篇震撼心灵的华美乐章，的确值得称颂！

第二章

余心之所善：少而好读书，善体恤民众

在两千多年前的一个春日，屈原诞生了。他相貌出众，风华绝代，从小便拥有着与众不同的气质；他才思敏捷，聪慧过人，对读书有一种非比寻常的热爱；他勤奋好学，博览群书，为后人留下“读书洞”与“巴山野老”的佳话。

第一节 屈家有男初降生

自古以来，便有人杰地灵的说法。在屈原的诗歌中，我们可以看出屈原的故乡是一个世外桃源般的人间仙境，有香溪蕙草，有奇鸟虫兽……是一个令人心驰神往的灵杰宝地，屈原降生在这样一个地方，对他的成长以及品格塑造有极大益处。

屈原的出生地是今湖北省秭归县，这个地方自古以来就是一块风水宝地。它是处于长江三峡的巫峡和西陵峡中间地带的一块神奇土地，它风光瑰丽，钟灵毓秀。居住在此地的百姓可依山垒房，临水搭台。据《归州志》记载：“州虽僻壤，但东通吴会，西接重夔，南达荆郢，北抵襄樊，洵所谓重地之咽喉，长江之锁钥也。”此地真可谓是“物华天宝，人杰地灵”，不仅屈原，美女昭君、诗人孟浩然等也都出生于此。除地理条件优越外，此地还拥有深厚的文化底蕴，历史悠久，是楚文化的发源地。

商朝时期，这里是归国辖地；公元前 1027 年，周成王为奖励和起用有功朝臣的后世子孙，将丹阳之地赐予熊绎，封其为楚君，今秭归便为楚子国；西周晚期至春秋中期，楚封熊渠嫡嗣熊挚别居归国故地，为夔子国；公元前634年，因熊挚后裔不祀祖先，楚王便遣师灭夔，将此地重新并入楚国，称归乡。西汉元始二年（2），置秭归县。而秭归这个名字，就是因屈原而来。《水经注》载："屈原有贤姊，闻原放逐，亦来归……因名曰秭归。"其中"秭"是后来由"姊"演变而来的。

楚宣王三十年（前340年），当时还叫作归乡的秭归县，是一个青山环绕、绿水长流、风景优美的好地方。村子里住着一户破落的屈姓贵族，主人名为伯庸，这便是屈原的父亲。伯庸与楚国国君是本家，屈姓是由先祖屈瑕而来，屈瑕是楚武王熊通的儿子，因被封于屈地，后世子孙便以屈为姓。

屈原出生在公元前340年夏历正月初七这一天，赶巧是寅年寅月寅日，是千载难逢的好日子，因为古时有是"天开于子，地辟于丑，人生于寅"之说。所以伯庸给儿子取名为"平"，平者方正，指天，他希望自己的儿子将来能像天公一样正直无私。又名"原"，原者宽平，指地，他希望自己的儿子将来能像大地一样调养万物。屈原字为"灵均"，因正月初七是为"人"日，这样一来，天、地、人之性灵便都集于屈原一身。天地人合一，是古人追求的一种境界，也是一种有福气的象征，更是一种能成就经天纬地之才的希冀，可见伯庸为屈原取名的良苦用心。

屈原终于踏着五彩祥云，来到了楚国的大地上。他的降生，就好比是一轮喷薄欲出的朝阳，给积弱中的楚国贮备了光芒万丈的力量，给整个动乱的年代注入了温热的希望……

第二节 玉树临风美少年

出身于贵族家庭的屈原，自幼便过着锦衣玉食的生活，因为家庭氛围好，屈原小小年纪便与众不同。公元前333年，时年7岁的屈原身材修长，举止文雅，在同龄的孩子还在淘气玩耍时，他便已有翩翩少年的风度了。

年少的屈原，到底有怎样的风采？年少时的屈原长得是雪肤玉肌、唇红齿白，除了相貌出众外，屈原的品性更是无可挑剔。他生性谦和，修养极好，总是谦虚待人。他喜欢一个人独处，很少与同龄的小孩嬉戏打闹，更不会做出格的事情惹父母生气，可以说是少年老成。屈原很喜欢动脑筋，常常一个人漫步在池边溪畔思考问题，而且还思考得非常投入，甚至偶有路人跟他打招呼他都视而不见。屈原尤其爱整洁，他所穿戴的衣饰都要洗得干干净净才行，他自己的房间物品也都摆放得井井有条。生人进入他的房间，根本就看不出这竟是一个毛头小伙子的居所。他还喜欢大自然中一切美好的事物，他喜欢青山碧水，喜欢虫鸣鸟叫，更喜欢静开在山间的兰花和香草，还常将兰花香草当作饰物佩戴在身上。

说起屈原的爱整洁，屈原的家乡秭归还流传着这样一个故事：在秭归香炉坪的正对面，有座三星岩，三星岩的半山腰，有个泉水井。井水如一面菱花镜子，清澈照人。井旁还立着一块古碑，石碑上刻着“照面井”三个大字，另有两行小字：“此系屈公遗井，特遵神教重新整修，以后切勿荒秽。倘有故违，定遭天谴！”据说，这是屈原年少时为方便梳头照面所挖。

有一次，小屈原用兰花香草把自己装扮得漂漂亮亮的，样子比女孩子还要动人。他的姐姐看到后非常惊讶，就想找面镜子让弟弟看看自己的俊俏，找了半天没有找到，就把弟弟领到了一个水缸面前，屈原看着水缸里的自己也惊呆了，原来自己这么好看，简直美得玉树临风。此后，屈原便天天梳头洗面，然后就跑到附近的小溪边照照是否规整，可是却总也照不出那日在水缸里的姿容。但是他总不能堂而皇之地天天在家中的水缸前照来照去，让人说自己臭美吧？忽然他想到，自己何不在三星岩上挖一眼泉水井呢？这样一来不是和水缸中沉静的水照出来的效果一样吗？于是，说干就干，可是小屈原只能自己悄悄地挖，因为他怕姐姐和父母知道了，又要笑话他臭美，尽干傻事。

当时屈原为了挖水井可谓是起早贪黑，不辞辛劳，后来他坚持不懈的决心感动了上天，得到了一位白眉白须的老山神的帮助，才最终挖成此井。传说小伙子们照了这口“照面井”，人品会更加端正；姑娘们照了，便心灵手巧，贤淑大方；而那些心中藏恶的人，若是站在了井边，水面上便会立刻跳出一个獐头鼠目的丑八怪来，吓得坏人们屁滚尿流，抱头鼠窜……

从以上传说中，我们不难看出屈原对个人仪容的看重。当然，注重整洁，喜欢打扮固然没错，但是如果一味追求外在美，屈原便很可能成长为一个附庸风雅的纨绔子弟。因而，对其爱美的行为要加以引导才行。屈原的父亲伯庸正是看到了这一点，他在儿子注重外在美的基础上，总是给他讲一些古代圣贤的故事，让屈原从中得到启发，进而去修炼自己的品行。伯庸常对屈原说的一句说就是：“孩子啊，一个注重自己衣着和外貌的整洁固然重要，但更重要的是要保持心灵的洁净，懂得善恶是非。”

经过父亲的教导，屈原的一言一行比之前更加规整了。他到山间漫步时不会随意惊扰小动物了，也不会摘那些还未来得及开放的小花了，他在用兰花香草做饰物的时候，不再纯粹以好看的心态摘取了，而是懂得花儿的美丽寓意着高洁，蕙草的馨香有着圣人高贵的气质……就连对自己爱洗帽子的习惯，他都有了独特的领悟：“冠者衣之主也，置于头之上，冠不洁则心不净也。”也就是说，帽子是主人内心浊净的外在表现。

有一天，年少的屈原又到他常去的溪边散步，他看到溪水这么清洁，便又有了洗帽子的想法。屈原小心翼翼地将帽子放入水中，然后来回摆动，待帽子被溪水浸透之后，他便捞起来搓洗，只搓了几下，帽子便干干净净，这都是他平时勤洗的结果。洗完之后，屈原正欲沿着小溪踱步回村，忽然看见村里一户财主的小丫头端着衣服过来。小丫头常来溪边洗衣服，与屈原算是认识的，平时她见屈原总是沉思漫步也不打扰，今日见了屈原却主动开口，说主人待她不好，平日里非打即骂，今日又怂恿客人调戏她。屈原听完这小丫头的哭诉，心里十分气愤，直说“太可恶了！太可恶了!”可是他年纪尚小，对这样的恶门恶户也无能为力，只能尽力安慰这个小丫头。忽然，屈原拍着腿说：“坏了！脏了我的帽子！脏了我的帽子！”听了这话，小丫头很是不解：“他明明是刚洗了帽子，怎么又脏了？”屈原忙解释说：“你主人家行为这么卑劣，你经常在这溪里为他们洗衣服，岂不脏了溪水？我又在此洗帽，我的帽子不是也跟着脏了吗？唉……”说完，屈原赶紧离去，又找了一条清澈的小溪，重新把帽子洗了又洗才满意地回家。

据说，屈原洗帽有一日三次的癖好，即使在晚年流放江南时，也从未改变。屈原小小年纪便品貌出众，明辨是非，果真是个风华绝代的美少年！人们看到这样的好少年，总是感叹：这孩子，真是与众不同，若日后能得到好的引导，再加上他自身的悟性，必能成大器。

第三节 石洞读书少年郎

屈原从小天资聪颖，喜欢沉思，有极高的悟性，对读书也是十分热爱，更是有过目不忘的本领。

见儿子对读书这么热爱，这么有天赋，伯庸便常常教导屈原说：“千经万典，治世为先，千忙万急，效国为重。要多多读书，长大了才能报效国家，只有国家振兴了，老百姓才有希望。”于是，屈原小小年纪便博览群书，胸怀大志。不管是讲治国安邦之道的书籍，还是介绍民俗民风的诗歌屈原都用心去读。对父亲伯庸为他专门推荐的《尚书》、《诗经》、《彭咸传》、《伯夷传》、《巫阳曲》等书，屈原更是百看不厌，潜心研读。

公元前 330 年，屈原刚满 10 岁，但是在乐平里官学里却已是个读书不少的优等生了。每天一大早，小屈原便邀同伴早早赶往学堂。大家这一路上不是像别的小学生那样逮蚂蚱捉蚂蚁，而是兴趣盎然地探讨老师讲过的内容，以及炫耀自己又读了哪些书。

在学堂里，屈原是个勤学好问，乐于助人的好学生，可是却也是个让老先生头疼不已的“问题生”。因为他总是提一些稀奇古怪的问题，把老先生问得瞠目结舌，十分尴尬。而且小屈原还总是在课堂上看一些与学习无关的书，像什么《孺子歌》、《庚癸歌》之类的书在他的小书桌里一翻一大摞。对此，屈原的父亲伯庸却不以为然，他觉得孩子兴趣广泛是好事，一个人要想早日成材，只学些老师在课堂上教的内容远远不够，只有博览群书，才能更多更好地吸收前人智慧，汲取最富精华的知识。

转眼夏天到了，屈原放学回家也越来越晚了，几乎每天都是牛羊下山鸡上笼的时候才慢吞吞地回家。一开始，伯庸认为孩子是在学校里用功读书，也就没太在意。后来，他见平日里和屈原一同上下学的孩子们一个个都回来得很早，便觉得事有蹊跷，心想屈原是不是在外面结交了什么不好的朋友，可是看屈原平日的行为又不像。

有一次，到了掌灯时分，屈原还没有回来，屈原的父母便再也坐不住了，赶紧带着屈原的姐姐女媭和邻居一起去找屈原，可是找了一圈也不见他的踪影，回家后却见屈原端坐在家中读书，问他去哪儿了又不说。

第二天，女媭在弟弟放学后偷偷跟在他的后面，心想：“我这个斯文儒雅的好弟弟，怎么看都不像是去跟坏人厮混，他最喜欢亲近大自然，最喜欢到山中林间，还有小溪旁散步了，今天准是又去摘香草，我倒要跟着看看！”

女媭跟着弟弟来到小溪边，正得意自己的猜想没错时，却发现弟弟突然不见了。女媭有些着急，以为弟弟越过小溪回家去了，便急忙三步并作两步走地往家赶，到家后听母亲说屈原没回来，她便越发惊奇了，赶紧又折回小溪找屈原……

女媭来到屈原消失的地方仔细寻找，才发现小溪旁原来有一个天然石洞，洞口虽然不大，里面却别有洞天：洞壁上有常年溶积形成的特色图案，姿态万千，令人惊叹。洞顶上悬挂着琉璃似的钟乳石，晶莹如玉，煞是好看，而且还有岩浆水顺着“琉璃”滴答滴答地往下落，声音甚是悦耳……再往里看，却见屈原竟俯在类似书桌板凳的石头上睡着了，脸上还带着笑意，像是在做着一个美梦。女婴不忍惊扰弟弟，便轻手轻脚地参观起来了，原来石洞里放着好多书，都是些民歌俚曲，像《楚公逆镈》、《楚人歌》、《沧浪歌》、《优孟歌》、《越人歌》、《徐人歌》、《孺子歌》、《庚癸歌》、《巫风》、《丧歌》、《楚声》、《渔夫歌》、《樵郎谣》、《蚕花曲》、《五谷调》以及《采菱》、《阳春白雪》、《招魂》、《涉江》等。

看到这么多书，女婴惊呆了，她没想到弟弟小小年纪竟然能读这么多书。让她不解的是，这些书有的是禁书，家里根本就没有，屈原又是从哪里得来的呢？女婴轻轻地拍醒弟弟，想问他是怎么回事。屈原揉了揉惺忪的眼睛，看到姐姐，有些激动地说：“姐姐，你怎么找到这里来了？看，我的小书屋还不错吧？”女婴问屈原这些书哪儿来的，屈原答道：“我喜欢读书，尤其喜欢读咱们楚国的诗歌，于是我一有空便去找附近的渔翁、樵夫、猎户、蚕女、巫师、庙祝，向他们搜集民间歌谣，然后到这个小石洞里记录、整理、吟诵。后来，大家看我对诗歌这么热衷，就纷纷把藏书拿出来让我学习，所以小石洞里的书就越积越多了。我每天放学后都跑过来读书，不到天黑都舍不得回家呢！”女婴听后恍然大悟，原来弟弟这么好学，看来母亲是错怪他了。于是，女婴高高兴兴地领着屈原回家了。

到家后，女婴向父母禀明了一切，好在他们的父母都是思想开通的人，并不干涉屈原读那些学校明令禁止的书籍，只是嘱咐屈原不要影响学业。得到家人的默许后，屈原便每日正大光明地跑到石洞里读书，有时候遇到一些不明白的地方，他还会主动回家向父亲请教。慢慢地，屈原积累的知识越来越丰富了，而他在石洞读书的事情也传开了，一传十十传百，整个小山村都知道屈家有个在石洞里发愤读书的好儿郎，还把小屈原当作了自家孩子学习的好榜样。

如今，屈原读书的这个石洞仍在秭归县响鼓溪深谷的半山腰上，清朝同治年间人们曾在洞口刻上“读书洞”三个字，后来随着时光的流逝已日渐模糊，现在又重新立了一块新碑。乡间盛传，夜间行经洞旁时，隐约可以听见洞内传来的读书声。事实上，这只是夜深人静之时，洞内的山风水声交织而成的一种特殊声音给人的错觉而已。不过不管怎样，“读书洞”都留有屈原当年勤奋学习的遗迹，值得后人欣赏。

第四节 巴山野老的造访

屈原石洞读书的欢乐已随着夏季的离去而逐渐消淡，好在乐平里的秋季并不单调，满山遍野的金黄色为屈原带来了不少收获，而今严冬已至，不知道又会有什么惊奇的事情在等着屈原。

严冬时节，空气中透着刺骨的冷，北风呼呼乱叫，雪也比往年来得更早了些。在这样的大雪天，溪边林间是无从下脚了，散步便成了奢望，因而白天除了上学也没有什么可做的。不过到了晚上，屈原就又有了自己的乐事——“读杂书”。那些平日里不能被带进学堂的好书，到了晚上都可以正大光明地阅读。这天晚上，屈原正坐在一盏油灯下，读一本白天借来的记载民俗的书，他深深地被书中的内容吸引了，读得如痴如醉。窗外虽有狂风暴雪，可对此时屈原而言都与自己无关。

到了四更天的时候，屈原感觉有点冷，便起身往自己身上披了一床棉被。当他正欲继续阅读的时候，忽然听到一位老者在外唱歌，歌声由远及近，好像已经到了门前。屈原被这老者的歌声吸引了，连忙起身走到门的附近屏气聆听，他听到的歌词古老而陌生，其中有段歌词是这样唱的：

赶快把天门大大打开，

我要乘驾浓浓的乌云下来。

我命旋风作我的先导，

我使鹅毛大雪洗涤那空中的尘埃。

你盘旋着已经降临下界，

我越过空桑山跟随你来。

……

屈原正听得入神，耳边忽然传来了敲门声，屈原回过神来想：“这敲门人就是唱歌的人，我倒要结识一下。”屈原打开了房门，扑面而来的一阵寒风带进屋里一层雪，屈原揉揉被雪花迷住的眼睛，这才看见了来人，这人浑身是雪，简直就是昨天他跟姐姐拍的那个小雪人！来人不等屈原招呼便径自进屋，然后取下斗篷，将上面的雪抖到门外，之后又是跺脚又是拍身上的雪，全然不理会屈原的抱拳礼。不过，屈原也并不感到尴尬，他更好奇的是这位不速之客究竟是个什么人。屈原仔细打量了这个人：他披头散发，两鬓斑白，满脸皱纹，身材瘦小，鼻子被冻得通红，但是双眼却炯炯有神……看屈原这样打量自己，老人家便自报姓名：巴山野老。还说外面风大雪大，想要在屈原的住处借宿一晚。屈原虽然觉得老人的相貌和行为都很奇怪，但是本着乐于助人的心态，还是决定好心收留老人一晚。

将老人的住房安排好了之后，细心的屈原还吩咐厨房为老人端来热汤热饭。看着面前热气腾腾的饭菜，老人并不像屈原想象的那样立即就食，而是大声斥责屈原："你这黄口小儿，也太没有礼貌了，不知道待客没有酒，客人是不进食的吗?"屈原听后连拍脑壳，抱歉地说道："失礼失礼，我马上命人端酒来!"

吃着热菜，喝着美酒，巴山野老紧绷的脸上也有了笑意，待酒喝到酣处，老人又高声唱起了像来时那样的古老而又陌生的歌。但这次唱的歌与先前的基调不同，它带着些许忧伤些许愁苦。听罢，屈原便借机用自己所阅读的那些诗歌与老人攀谈了起来。或许是因为酒足饭饱的缘故，这位巴山野老的话也多了起来。他问屈原的家世，又问屈原平时阅读些什么书，屈原均一一回答了老人。从与屈原的攀谈中，老人似乎摸透了屈原的底细，他对屈原的贵族家世倒不感兴趣，他更感兴趣的是屈原小小年纪便博览群书。老人一改之前的态度，忽然很欣赏眼前的这个少年，似有感叹地说道："好小子，小小年纪就有如此渊博的知识，头脑也很灵活，从今若是发愤图强，日后必有一番大作为啊!"

听老人这么一说，屈原倒有些不好意思了，他谦虚道："多谢您的夸赞，不过我要学习的东西还有很多，我喜欢读书，不管是治国良策，还是民俗俚语我都乐于阅读。"老人听后，哈哈大笑："好啊，这正是我欣赏你的地方，不局限于书本知识，阅读广泛，还能将爱书的热情落实到行动上，深入民间，搜集素材，这样日积月累你的视野也会变得宽阔起来……"

看老人有这样的见解，屈原就放开胆子与他倾心交谈，把平日里那些在先生和父亲那里得不到解决的问题，一股脑儿都抛给了这位巴山野老。老人在讲解中，不时引经据典，对各类名书可谓如数家珍，把屈原听得是如痴如醉。两人谈到高兴处，老人还会即兴赋诗，屈原也会跟着对上一两句，两人颇有相见恨晚之感。

谈到最后，屈原见老人已有倦意，便赶忙对他说："老人家，您也累了，不妨早些休息，只不过……我还想……”见屈原吞吞吐吐，老人爽快地说道：“年轻人，有什么就说！”屈原赶紧一吐为快：“我想劳烦恩师将方才提到的那些书名再说一遍，以便我日后搜集借阅。”老人听后，仍旧是一脸和悦，但却起身往门口走去，同时头也不回地说道：“好了，今天我老人家也累了，还是早点休息吧，这个明日再说。”见老人这样，屈原也不好再说什么，仍旧恭恭敬敬地送他出门，然后吩咐家仆好生服侍其入睡。

第二天，屈原起来很晚，起来时巴山野老已整装待发准备离开。屈原忙问老人这是要去哪儿，老人说：“我老人家四海为家，来去自由，只是我这一麻袋东西太碍事，先托付给你保管，待我云游回来再取！”说罢，老人家头也不回地走了。

屈原看着老人留下的这个破麻袋，鼓鼓囊囊的，也不知道里面装的是什么东西。心想无论如何，受人之托，就一定要保管好。可是屈原一直保管了十来个多月，也不见老人回来取。于是在好奇心的驱使下，屈原打开了这个破麻袋。麻袋一打开，屈原就惊呆了——里面装的都是书！这些书中有那晚老人提起过的，也有屈原从未见过的，还有一些屈原找了好久都没有找到的书……看来，那晚老人没有正面答应屈原是心中早就做好了安排，要把自己的珍藏赠予屈原。或许，巴山野老是怕屈原觉得这些书籍太过珍贵不敢接受，所以才想出“托书”这个办法的。

屈原有了这些好书相伴，即使天天待在家里也不觉得闷。因为他为自己找到了另一个纯净世界，里面有智慧之花，有品格之香，有清流之溪……它们是屈原品之不尽，用之不竭的巨大知识财富。

第五节 哀民生之多艰苦

虽然有书可读，屈原也并未将自己整日埋入书海中。因为他懂得过犹不及的道理，每当读完一本书，他就会停下来将书本知识与现实联系起来，用心感悟。在父母看来，屈原读的书日渐增多，人也一天天懂事，懂得体谅父母持家教子的艰辛，懂得了尊卑礼让，更懂得了怜悯穷苦的乡邻。

有时候屈原一个人在溪边散步，看到村里的阿公挑着柴草经过，会主动上前帮忙；看到有破衣烂衫的小孩子蹲在地上哭泣，屈原就会给他们拿些吃的，供他们填饱肚子；看到官府下发一些苛刻的条文搜刮民脂民膏，平日里性情温和的他还会跟大人们一起声讨官府的无良……总之，渐渐长大成熟的屈原与之前那个只会在林间溪旁漫步赏景的小少年有了很大不同，他已渐渐懂得体察民间疾苦。

屈原懂得体恤乡邻，关心民生大事是有原因的，因为当时的楚国外有强秦打压，内有佞臣蛀国，可谓是内忧外患，百姓根本就谈不上安居乐业。而像屈原这样的有志小少年们，在看到国家的这种情形时更不会安心在学堂里读书，只想多多接触百姓，为乡邻出力。

有一天，屈原又去找那些樵夫、渔农搜集民歌，偶然听一个老樵夫说起来了“米仓口”的传说。据老樵夫讲，凤凰溪雷劈石南岸，有一块突兀巨石，细看起来很像一座米仓，“仓”下有一个豁口，特别像梭米的漏斗，于是人们就把它叫作“米仓口”。相传这个“米仓口”是古时大旱，天柱山山神“点石为仓，指沙为米”的杰作。可是后来有一个贪婪之徒嫌山神赐的米少，就对着米仓破口大骂，惹怒了山神，从此米仓只梭沙再也不梭米了。

听完这个故事，屈原沉思了很久。如今，楚国也适逢大旱，田地歉收，农民、樵夫、渔农、船夫无不面黄肌瘦，天天忍饥挨饿，这深深地刺痛着屈原的内心。于是，怀着悲天悯人之心的屈原，连忙向米仓口的方向跑去，看看它是不是像老樵夫讲的那样天天只梭沙子。来到米仓口前，看到那如小山似的黄沙，屈原忽然有种想要放声大哭的冲动，他大声呼喊：“山神，你难道看不见楚国人民所遭受的灾难吗？为什么不让米仓口梭出一些白米来？难道你想让百姓食不果腹，饿死街头吗？”屈原抒发完心中的愤怒和悲悯之情后，闷闷不乐地走回了家。刚到家，屈原便撞见刚刚从外面采买完粮食归来的老管家。看老管家认真地指挥家仆将一袋袋白米从车下搬进仓库，屈原的脑海中突然跳出了一个想法，这个想法首先把他自己吓了一跳。小屈原到底生出了一个什么样的大胆想法呢？那就是自己冒充山神，复活那个只会流沙不会梭米的“米仓口”！

说干就干，屈原每天趁家人不留神的时候偷偷用袋子装一些米出来，然后再偷偷地摆在米仓口下面，而且还要把米摆出是从米仓口流出来的样子。慢慢地，就有村民注意到了这些米。这米虽然不多，但足够途经这里的村民捡拾回家，填饱肚子。后来，越来越多的村民知道了米仓口有米的事情，他们都以为这是山神显灵，在帮助大家渡过难关。于是，那些无米下锅的穷苦百姓纷纷来到米仓口敬神求米，一时间香火不断，可谓人来人往，络绎不绝。

但是这件事却引起了屈府老管家的怀疑，因为他近日发现屈家仓库的米在一天天的减少，而米仓口这几天却有米流出，他就揣测难道山神是在用屈府的米来帮助百姓？可是他很快就摇头否定，“不可能，不可能，屈府一向行善积德，也算不上是本地富户，山神就算是用米救济百姓，也是去那些为富不仁，家财万贯的老财主家取米啊？”想到这儿，老管家心里有了底，心想先慢慢观察仓库和米仓口的情况再说，总会找到些蛛丝马迹的。

经过几天的细心观察，老管家终于肯定地将屈家仓库少米和米仓口生米联系起来。一天夜里，老管家派出两拨家丁，一拨藏在米仓口附近进行秘密监视，一拨守着仓库看是否有可疑人经过。两拨人守了一夜，也没见什么动静。在米仓口监守的家丁正打算派人去请示管家要不要撤退，忽然看见远处走来一个人影，身上还好像背着个沉重的包袱，大家还以为是山神来了，一个个屏住呼吸，打算看山神是如何施展仙术将米放入豁口流出。可是，大家根本就没看到什么神奇的仙术，只是看见一个普通的人将包袱卸下来放到豁口下面，然后转身离开。等那人走远大家这才反应过来，赶紧上前打开包袱查看，里面果然装的是米。于是连忙去追赶那个刚刚离开的人，等追上一看大家都傻眼了——这不是小少爷嘛！与此同时，在屈家仓库蹲守的家仆也赶了过来，他们早上发现是少爷背着米出来，就遵照管家的指示偷偷跟过来看看少爷是想把米送到哪儿……被两拨家丁逮个正着，屈原无话可说，只能回家听候父亲大人发落了。

屈原的父亲伯庸听老管家叙述完事情的始末，突然哈哈大笑起来，拍着屈原的小脑袋说道：“原来，我们屈府也有小贼了，这小贼偷了粮食不是自己吃，而是救济那些比自己更饥饿的人，这是好事还是坏事呢？”屈原听父亲这样问，就理直气壮地辩解：“父亲大人，我偷家里的米是我不对，可是我不能眼睁睁地看着乡亲们挨饿，我看了心里难受……”说完，小屈原流下了眼泪。看儿子这样，伯庸接着说：“孩子，你小小年纪就知道救苦救难，说明你心地善良，懂得民生的艰辛，这是好事。但是凭你一人之力又能帮到多少人呢？你现在还小，以后再也别做这样的事情了。你要是真的同情百姓，想要大家不愁吃穿，安居乐业，你从今往后就要更加勤奋地读书，学习治国安邦之道，将来做国家的栋梁，为楚国出力，为百姓谋福！”听完父亲的话，屈原的心中明朗了许多。

后来，当大家知道米仓口梭米是屈府的小少爷做的好事，都纷纷拍手称赞，夸屈原小小年纪便有菩萨心肠，大家都开始喜欢起这个小少年了。经过这件事情之后，屈原没有骄傲，也没有气馁，而是听父亲的话，专心读书，发愤图强，立志做一个对国家和百姓有用的人！

第六节 博闻强识有辩才

屈原腹有诗书，懂的自然也多，同龄的孩子遇到难解的问题，总是第一个想到他。他在讲解时总能让人生出一脸呆相，等明白之后就会拍着脑袋说：“哦，原来是这么回事，我怎么就不知道呢？”屈原还总是将在书中所学运用到实际生活中，这样不仅牢固了知识，也能为人排忧解难。

这天，屈原来到响鼓溪溪边散步，一边回味方才读过的书中内容，一边欣赏周围的风景，他非常享受这种鸟语花香、绿草茵茵、溪水潺潺、鱼儿嬉戏的美好时光。在这种气氛下，屈原很想高歌一曲，他刚欲张口，忽然听见一阵争吵声，抬头一看，离响鼓溪不远的地方，一群少年正围着坑洼里的一头石牛讨论着什么。屈原就走过去跟大家打招呼：“你们在干什么呢？这个石牛有什么特别的吗？”这时，屈原的姐姐女媭从人群里挤出来，跑到弟弟跟前，喘着气回答道：“弟弟，我们正在讨论怎么把石牛搬到岸边做洗衣砧呢，可是石牛太重，我们想了很多办法也移不动……怎么办呢？”

听了姐姐的话，屈原略微沉思了一下，他记得书上说过，再重的东西，一旦搬到水中的小船上就能轻轻松松地跟着水飘走。那么这头小石牛呢？在水里是不是就会轻很多呢？他把自己的想法告诉大家，大家听了觉得有道理，就想试试。于是，在屈原的指挥下，他们动手在响鼓溪和这块洼地之间挖了一条小水沟，水很快就流入洼地，而且越流越多，没多大一会儿就把小石牛淹没了，大家赶紧站在水中一起用力推石牛，石牛竟然被推动了……看着石牛被慢慢推到溪边，大家都高兴地叫了起来，然后一个个满心好奇地问屈原是怎么想到这个办法的。屈原神秘一笑，回答说："这个办法书上有，你们想知道就多读书吧……"说完，屈原便转身离去，继续欣赏他的美景去了。

经过这件事，屈原对读书的热情更加高涨了，因为他知道多读书可以增加自己的知识面，在遇到问题时这些知识就如神器法宝一样一个个蹦跳出来，给自己一些巧妙的提示……比旁人多一些见闻多一些知识，在屈原看来并不是什么难事，只不过是多花些心思罢了。

因为博闻强识的缘故，屈原平日里跟人交谈也总是出口成章，常常引人惊叹他的才学。凡是那些见识过屈原才学的人，都对他印象深刻，还有意无意地为屈原传着美名。时间一长，有许多达官贵人与文人墨客也都慕名探访屈原。这些人多以诗文试探屈原的才学，有时候还出一些十分刁钻的问题难为屈原，可每次都被屈原巧妙地对答出来。有时候，那些不服气的人还会以"鸡蛋里挑骨头"的态度，指责屈原回答的不对。屈原听后，总是不愠不怒迎面还击，时而引经据典，时而据实以证，辩得对方哑口无言。

有一次，楚左伊来夔州（今重庆市奉节县）视察，听人说起屈原的美名，便顺道来看看。一见到屈原，左伊大人就被他的风度所吸引，心想："这个少年果真是风度翩翩，一表人才，不知道腹中的才学是否也如他的仪表一样出众，且试试再说……"

这位颇有才华的左伊大人一连抛出八十个稀奇古怪的问题来难为屈原，可每个问题都被屈原轻而易举地对答上来。对此，左伊大人非常满意。他对屈原回答问题时镇定自若、反应敏捷的表现也赞叹不已，直呼：“好一个博闻强识有辩才的少年郎！”

经过一番考验，左伊大人对屈原已经喜欢得不得了，他听说屈原有对书本过目不忘的本领，就想见识一下。于是，他故作严肃地对屈原说道：“我听说你书读得很多且杂，光读得多，知道个大概没什么了不起，真正有才学的人是要对所读内容烂熟于心。我现在就用一个问题考验你在这方面做的功课够不够，我也不说难的，你就给我说出一百个古代名人的名字吧！记住，不能用笔记，不能思考太久！”

屈原一听，嘴角便扬起一抹笑意，心想：“这有何难？每本书中的细微内容我都能复述得一字不差，说一百个古人名更不在话下……”于是，屈原恭恭敬敬地向左伊大人作了个揖，然后清清喉咙，开始自己的下一场精彩演说：“二十八宿，宿宿有名。七十二贤，贤贤有德。”光这么一句开场白，就足以表现他已成竹在胸了。之后，屈原不紧不慢，节奏平缓如唱儿歌般将一百个古代名人的名字给背诵了出来。听得左伊大人与在场的每个人都目瞪口呆，如在梦境一般。左伊大人当即情绪激动地拉住屈原的手，说道：“真不愧为一方奇才啊，今天我算是开了眼了！今后楚国若蒙你这样的人才为国效力，那真是我们楚国子民的福分啊……”

屈原所处的战国时期，正处于齐、楚、燕、韩、赵、魏、秦七国相争抗衡的局面，这七雄每个都想要称霸天下，成为独领四方的统治者。因而它们之间便明争暗斗，尔虞我诈，唯恐沦为任人宰割的弱者。这样一来，紧急搜罗奇人异士，为富国强兵出谋划策，便成了各国君主必做的功课。这些搜罗来的奇人异士，一般都具有才学出众、口才绝佳的特点，因为他们不仅要协助君王处理内政，还要帮助君王应付外交事宜，是人们眼中的治国能人。如今，屈原小小年纪便在学识与辩才上崭露头角，自然也就成了大家关注的焦点。

不过，屈原是一个不易受外界干扰的人，尽管他现在走到哪里都会有人指指点点地议论："这就是那个博学多才，能言善辩的屈原，听说好多名人都对他的才华赞不绝口呢!"可他依旧与往常一样，该上学的时候就跟伙伴们一同去学堂，想要放松身心的时候还是到常去的小溪边散步。他不会因为自己"少而有名"就趾高气扬，不可一世，在与同学们探讨学问以及研究治国之道时，他还是那么谦虚有礼，总是认真听取对方的观点。这样一来，屈原不仅没有遭到大家的排挤和忌妒，还很受大家拥戴，他自身的学识和辩才也在与大伙儿的相互学习中日渐增强。

第三章

思君未敢言：颂橘游香溪，心属昭碧霞

一个翩翩少年逐渐长成，他有了自己的理想和抱负，对外面的世界也开始充满了好奇。橘林赋诗，香溪漫游，让屈原增长了见识，也成了他长大成人的证明。在漫游中，屈原的另一个收获便是与同为王室族人的昭府千金碧霞喜结良缘，这标志着他的心智已趋于成熟，生活也趋于圆满了。

第一节 橘林赋诗表心迹

对如今满腹学识的屈原而言，仅仅沉浸在书海中已经不能满足他对知识的需求了，他迫切希望与人交流，希望听见不一样的声音，更希望将自己的心得体会大声地讲出来。于是，屈原不再整日一个人在林间、溪旁、树下游荡了，而是常常邀请好友相伴。大伙儿或漫步或围坐，一同属文吟诗，言志抒怀，纵论天下时势，一个个慷慨激昂，意气风发。

一天，乐平里的一群少年来屈府找屈原闲谈，被屈府家丁告知少爷刚刚出门。这群少年与屈原志趣相投，也是本地有名的才子。他们喜欢跟屈原在一起谈古论今，切磋学艺，今天乘兴而来，可不想败兴而归，于是便决定结伴去寻寻这个喜欢到处跑的屈原。

一行人对屈原平日里的去处了如指掌，先去了“照面井”，又沿着小溪进了“读书洞”，可均不见屈原的踪影。正当大家唉声叹气打算放弃时，一个跟屈原关系很好的少年提议说：“大家别急着走啊，我想屈原可能在香炉平后面的山坡上，这是他的一个新去处，他前几天带我去过，我们再去看看吧，真没有在的话大家再回家也不迟嘛!”众人想：“也行，反正都找了这么久了，也不差这一个地方。”更重要的是，大家想要去看看香炉平后面的山坡上到底有什么美景，值得屈原舍弃这常去的几个地方。

刚到后山坡，大家便瞧见了屈原，他好像正对着山坡上的一棵橘树端详。大家细看才发现，这个山坡竟有一片规模壮观的橘林，大小橘树层层叠叠，郁郁葱葱。这些橘树长得都很旺盛，树干错落复杂，绿叶闪闪发亮，可谓是枝繁叶茂。当大伙儿深入树丛，忽觉一股沁人心脾的橘香扑面而来，让人顿感清爽。屈原见大家来，显得非常激动，连忙招呼大家道：“你们是怎么找到这里来的？感觉这个地方如何？”那个跟屈原关系很好的少年抢先答道：“哈哈，这当然是我说的啦，不然他们这群凡夫俗子怎么能找到这个人间仙境呢？”大家纷纷称赞屈原会找地方，连这样一个隐蔽幽静的地方都能探到，看来这么多年养成的到处跑的习惯真是有用。

屈原听大家对这个地方赞不绝口，便邀大家坐在林间的一块草坪上和他一起赏橘林风光，他还摘了一些橘子给大家品尝。大家吃着甘甜味美的橘子，嘴里也不闲着，你一句我一句地闲谈，聊着聊着就聊到了天下局势。这时，屈原提议大家都说说自己对当今局势的看法，以及个人今后的打算。听到这个提议，那个与屈原关系最好的少年先开口了，他说：“现如今，七雄并立，相互角逐，为领先别国，各国君王纷纷出台政策，争夺谋臣策士。经过一番努力，各国均有收获，如秦国兵强、齐国民富、魏国君贤，但是咱们楚国，可是落后得多，唯一值得骄傲的就是国土面积大……”听好友这么说，屈原心里突然一紧，心想：“这小子平时看起来满身抱负，好像将来要为楚国大展拳脚似的，今天怎么反倒有些长他人志气灭自己威风了呢？”刚想问问他怎么回事，就听见他继续说道：“在这样一个大环境下，我们应该像春秋时的孔圣人那样，著书讲道，游说四方。而我将来的打算就是——投靠一个圣明的君主，助其称霸六国，完成我统一九州的理想!”

听完他的这番话，其他少年都陷入了沉思，似乎是被他的这番话触动了，正犹豫着要不要说出自己的观点。可平日里不紧不慢的屈原，今天却显得非常沉不住气，他情绪激动，语带责备地说道：“你说的这是什么话？我们的祖国贫弱，难道就不值得我们为之效力了吗？什么叫作‘另择贤君’？这跟投敌叛国有什么区别？国家越是处于危急存亡之时，我们越是要对它不离不弃，越是要挖空心思为君王出谋划策，好使我们的国家早日渡过难关，这样我们的国土才能不被其他列强侵犯，我们的子民才可以免遭罹患，安居乐业，难道不是吗?”

屈原的这番话说得慷慨激昂，掷地有声，以至于他刚刚说完就有一位少年起身拍手叫好。可是也有一部分人不赞同屈原的观点，他们有的说屈原的思想死板，认为跟着谁都是一样的施展才华，只要君主贤能，管他是哪国国君；有的说太傻，在这个朝秦暮楚，楚才晋用的时代，有谁还会在一棵树上吊死？屈原不管这些人的观点，只是斩钉截铁地说：“我不管自身荣辱，我只为我的楚国效力，只为楚国的百姓谋福!”

屈原热爱自己的祖国，容不得别人贬低它、小瞧它，更不能容忍别人抛弃它！屈原甚至责怪自己，怪自己过去交友太过随便，只从学识方面结交有才华的人，却忽略了了解一个人内心秉承的人生观和价值观。

这日，屈原又邀一些志同道合的朋友来橘林相聚。期间，屈原摘了一些新熟的蜜橘供大家品尝，还动员大家围绕蜜橘赋诗。大家吃了蜜橘心里自然甜滋滋的，作的诗也自然透露着欣喜，有赞橘树风貌独特的，有赞橘子甘甜的，还有赞橘子汁多能解渴的……屈原似乎还未从上次聚会的感触中走出来，作了一首风格迥异的诗——《橘颂》，开头是这样写的：“后皇嘉树，橘徕服兮。受命不迁，生南国兮。”其中还有一句“苏世独立，横而不流兮。”开头借写橘树坚贞不移，只适应南国的气候土壤，来表达自己对祖国的热爱。而“苏世独立，横而不流兮”则表明他想坚持自我，不会轻易改变志向。

听屈原讲解完这首诗的内涵，大家明白了他这是要以这橘树为榜样，抱定了为楚国鞠躬尽瘁，施展才华的决心，无论时局如何都始终不改心中抱负！

第二节 香溪游历赏美景

公元前323年，屈原17岁，马上就要到20岁的弱冠之年了。就是这一年，屈原向父母提出一个大胆的要求—— 一个人出门进行一次游历，以体察风俗民情。在父母看来，屈原的这个请求实在出乎他们的意料，因为别的孩子在屈原这个年纪还在父母的怀中撒娇，而屈原已经知道关心百姓疾苦了。这让屈原的父母感到很欣慰，因而父母欣然同意了屈原的请求，只是简单对他叮嘱了一句“在外要小心照顾自己”，便放他出门了。

屈原这次游历的范围是整个香溪，他首先要经由外出乐平里的唯一通道，即有“曲径通幽”之称的七里峡。进入七里峡，屈原像是进入一条狭长的胡同，可里面并不如胡同平整，有的地方宽些，有的地方则窄得让人觉得好像是在钻地洞。当屈原终于走到了这“洞口”处，发现这“洞口”更是窄得出奇，像是一条门缝，他伟岸的身躯好不容易才钻出去。不过出了“洞口”，便一下子豁然开朗了。屈原的眼前天高地阔，阳光也不似“洞中”那般昏暗了。

屈原仔细观察了一下周围的风景，或许是在七里峡中挤得太久的缘故，他好一会儿才反应过来，原来面前这条清澈见底，水流潺潺的小溪就是大名鼎鼎的香溪。看到香溪，屈原又惊又喜，心想："终于来到游历的目的地了，这可是自己头一次独自游香溪啊！可得好好领略一下香溪的美景，好好体会一下香溪的人文风情……"

香溪是个好地方，自古便多美人才子。这里的姑娘，不能说是个个婀娜多姿，可也是被溪水滋养得白白嫩嫩，透着一股子灵气；这里的小伙儿，不能说是个个英俊潇洒，可也是被溪水浇灌得壮壮实实，有着逼人的朝气。顺着香溪岸边游走，屈原就遇见了许多这样的姑娘小伙儿。他们或是在水边洗衣捕鱼，或是在水中嬉戏打闹，个个都显得淳朴可爱。

不过，来香溪的第一个夜晚，屈原竟然失眠了。因为他对周围的一切都感到新奇，对白天见到的人和事有着无限的想象，对接下来的行程更是充满了遐想……就这样，屈原一直保持着清醒的头脑，直到天快亮时才昏昏沉沉地睡着。

第二天，当屈原梳洗完毕，穿戴整齐地出门时，外面已经是日上三竿了。不过，这个时候也是路上行人最多的时候，屈原可以见到许多平日里见不到的景象。屈原一路走走停停，遇见美景就驻足观赏，碰到新鲜事就看个究竟。当然，屈原在看别人，别人也在看他。在这个不大不小的香溪，偶尔有一两个外来人经过，大家还是能够注意到。

因而，屈原走了不到一会儿，就听见有一群跟自己年龄相仿的姑娘小伙儿在人群中嚷嚷："你们看，那个人长得可真是英俊潇洒啊，穿着打扮也十分精细呢……"在这个陌生的地方，人们自然不了解屈原博闻强识有辩才的一面，更不会清楚他心中的治国理想和过于爱清洁的脾性。人们首先只看到了他的外貌，注意到了他的仪表，看到了他的一颦一笑，还有就是惊奇于他在看新鲜事时，不经意间说出的那些有分量的话。

这样一传十，十传百，整个香溪都知道本地来了一个美妙的人儿。以至于，屈原走到哪儿就被人三五成群地围到哪儿。屈原是个有修养的人，即使被人扰了清净，他也不着急发火，只是对围观者报之一笑。

由于人们对屈原的好奇和热情，屈原到香溪才不过三五日，竟然交到了不少朋友。比如在溪边浣纱的小姑娘，或是在山间砍柴的少年，抑或还有热情地为屈原提供住宿的老渔翁，等等。跟这些本地人接触，屈原很快便了解了香溪的风土人情，哪些村庄的风景独特，哪些村庄有喜欢搜集整理诗歌的人，等等，他都摸得一清二楚。

这天，屈原搭乘一个渔农的船来到一个风景秀丽的村庄。这个小村庄是屈原问了好几个人才打听到的。之所以如此大费周章地寻找，是因为屈原刚来香溪就听许多人在描绘它的美丽，因而便一直想一睹它的风采。

刚走进村庄，屈原便被村庄的风景迷住了。村口种着各种花草，还有几棵随风摆动的细柳，村中房屋不多但却相当整齐，道路也十分整洁，路的两旁以及房前屋后都被花草点缀着。在屈原看来，这个小村子美得简直动人心魄，就像是一幅山水风景画。

在往村中走的时候，屈原发现一路上碰到的人都衣着考究，且一直往一个方向跑，好像要去参加重要节日似的。屈原拦下一位老伯，询问道："老人家，村子里发生什么事了，大伙儿急匆匆地是要去哪儿？"老伯见是一位外乡人，就高兴地解释说："今天村里要举行祭祀活动，祭祀'子嗣之神'少司命。大家现在都往那边的空地上赶呢，我也得赶紧去了，去得晚了，挤在后面就看不见少司命了。年轻人，你要是感兴趣也跟来看看吧……"说完，老人家也随着人潮涌向了那片空地上。

"祭祀？这可是个热闹的场面，肯定非常有意思，看来我来的还真是时候，看看去!”

屈原走进人群，发现空地上已搭建好了祭坛，祭坛前面摆满了兰花和一些不知名的香草，人一走近便会闻到一股幽香。身着节日盛装的村民们就站在祭坛下面，看起来十分虔诚，因为他们一个个并不交头接耳，只是目不转睛地注视着祭坛，唯恐错过少司命出来的瞬间。

在人们的耐心等待下，少司命终于飘然而至。这位降临人间的女神看起来端庄贤淑，十分清秀，且灵气逼人，使人一见便心生敬意。屈原仔细观察着这位少司命的一举一动，她举止文雅，对祭坛上的同伴也格外得亲和，在面对台下的村民时笑容又是那么温暖。屈原想：“这么一位美丽的少司命，修养又这么好，浑身还散发着一种母性的气质，怪不得大家都对她那么恭敬。由她做孩子们的保护神，孩子一定健康活泼……”

正当屈原想得出神之时，祭坛上忽然响起了美妙的歌声，歌声来自少司命的同伴，她们围在少司命身边，边跳舞边唱着祈福孩童的歌词，那歌声果真是天籁之音，那舞蹈也恐怕只有天上才有……而此时，那位少司命正用心在祭坛下的人群中搜索着什么，每当她的眼神停留在一处，屈原便顺着那眼神所看的方向便发现一位妇人。屈原明白了，少司命是在接收大家的心愿，接收完就会想法帮助大家实现愿望了。

少司命现身人间的时间并不长，不一会儿便乘着彩车和众同伴离去了。但是这场祭祀活动，却给屈原留下了很深的印象，后来他还专门据此事创作《少司命》这首诗歌。据说，屈原后来创作的《九歌》，其中大部门素材也都是得益于此次的香溪游历。可见，这次游历对屈原来说意义非凡。

第三节 访亲竹岛昭府家

在香溪游历数日后，屈原还未觉得尽兴，还想多探听几个好地方继续游历。可是突然有一日，屈原想到了一件事情，就是在他临行前，父亲伯庸曾嘱咐他要去拜访一户姓昭的本家。他一到香溪就顾着游玩了，完全将此事抛之脑后了。如果再晚些时日去这个本家府上拜访，或许父亲知道了就要责备自己不懂规矩了。

说起这个本家，就要从屈原的家族讲起。楚国有三大王族姓氏，即：昭、屈、景，都是“帝高阳之苗裔兮”，也都是以楚王封地为姓氏发展而成。而香溪的昭氏与屈原家不仅是世交，还是至亲——屈原的曾祖母系昭氏长女，昭氏现在的当家人是屈原父亲伯庸的表叔。这个昭府在当地很有名气，府中藏书颇丰，是远近闻名的达官贵人和文人雅士最喜欢拜访的地方。因而，伯庸希望喜爱读书学习的儿子也能在昭府住上几日，如果能多学些东西再回来更好。

于是，屈原便去打听这个昭府位于何处。原来昭府坐落于香溪畔的竹岛上，这个竹岛不大，算是香溪里的一个小山。它三面环水，风景独特，是旅游避暑的好去处。小岛坐北朝南，一年四季阳光充足，因而岛上的植物长得特别茂盛，尤其是瓜果长得香甜无比。岛上湖泊众多，也不乏沼泽之地，树木则以竹子居多，因而被称作竹岛。

屈原刚踏上竹岛，心中便有些追悔莫及——当初为何不早来呢？为什么？原来这竹岛远比当地人向他讲述得更美！竹岛上除了竹子之外，还有樟、梓、檀、楠、橘等杂木和果树，而且还能看见许多珍奇鸟兽在林中自在嬉闹。好一派生机勃勃的人间美景！

经过详细问询，屈原来到了昭府门前。这昭府建在向阳的山坡上，占地有三个小村庄那么大，站在府门外看，如一条匍匐在山坡上的巨蟒。当被昭府的家丁引入府内的时候，屈原才看清这昭府里面更是别有洞天，比他们屈府还要美上好几倍。到处都是精致的亭台楼榭，还有就地取材的鱼池荷塘，府中家丁丫鬟都穿着干净漂亮的衣服，看起来跟一般富户的少爷小姐似的。看到这些，屈原由衷地感叹：昭府果然是大户人家！不过，从小生于贵族人家的屈原，也并不十分艳羡这些，他更好奇的是昭府有哪些藏书，昭府的当家老爷子是不是真如旁人说的那样满腹经纶，学富五车。

说起这昭老爷子昭明晖，那在当地可是个声誉很高的人。他早年曾入朝为官，晚年告老还乡之后则专心研究学问，还收了许多学生。如今他年事已高，所教的那些学生也都个个有出息了，他也就不再为他们费心，每天管管府上的事情，也乐得清闲。当听说有位品貌出众的本家晚辈要来拜访，老人家非常高兴，连忙遣家丁将人请进来，还特地吩咐下人准备好酒好菜为亲人接风洗尘。

人到了晚年尤其喜欢见亲人，一见到亲人心里就热乎，哪怕是一个从未谋面的晚辈，也能让老人家激动好一会儿，现在昭老爷子的心情就是这样。当仪表堂堂、谈吐得体的屈原出现在昭老爷子的面前时，他像得到一件至宝一样，一把将屈原揽入怀中，然后又对屈原一通嘘寒问暖，让游历在外的屈原突然有种回家的感觉。其实，当屈原见到昭老爷子的时候，心情也非常激动，这是他第一次独自代表屈府来探望亲人，而这个亲人又是如此一位有名望的尊者。

二人寒暄过后，昭老爷子的谈话便很快从问候屈府老太太、屈原父母等转移到了屈原身上。昭老爷子对屈原早有耳闻，一直想见见这个风度翩翩、学识渊博、才华出众的后生，今日一见果然名不虚传。在与屈原的交谈中，他也提出了许多稀奇古怪的问题，屈原都一一对答如流。即使对那些连大学问家都要仔细斟酌回答的问题，屈原也拿捏得十分到位，只见他语速平缓、条理清晰，回答得从从容容、坦坦荡荡。

经过一番深入交谈，昭老爷子对屈原更加喜爱了，说起话来也没完没了，要不是下人提醒，他险些忘了招待屈原用饭。当原先准备好的饭菜端上桌之后，昭老爷子似乎不满似的，又让下人添置了一些美味珍馐。

按照昭老爷子的意思，屈原在昭府住了下来。屈原本来就打算多留几日，除了想看看昭府都有哪些藏书外，还想留下来多向昭老爷子请教学问。刚住下的头两天，屈原白天几乎待在书房里不出门，对此昭老爷子表现得十分通情达理，总命人将饭菜给屈原送进书房。到了晚上，屈原就会被昭老爷子邀去交谈至深夜。虽然每天都是早起晚睡，可屈原却显得精神满满，他对书的喜爱，对学问的钻研，令昭老爷子赞不绝口。

在昭老爷子看来，屈原是一个有上进心的人，他对书的热爱是他在众多弟子中从未见过的。此外，屈原对治国平天下的看法，更是令老人另眼相看。老人虽然十多年不问世事，但当听到屈原讲述朝中奸臣当道，百姓身处水火，楚国日渐衰败的现实时，也难免有些担忧。谈到激动处，老人甚至掩面而泣，屈原也跟着流下眼泪。他们时而嬉笑怒骂，时而放声高歌，老人完全不像老人，少年也完全不像少年，一个是老儿如孩童，一个是少年而老成。从屈原的言谈中，昭老爷子看出这是个忧国忧民的好少年，如果能加以引导，将来必能成为楚国的栋梁之材！

于是，接下来的几日，昭老爷子都有意无意地与屈原探讨国家大事，借机套问屈原有哪些治国良方。他还把自己珍藏的许多有关治国之道的书拿给屈原看，并适当加以指点。经过仔细观察，昭老爷子最终确定：屈原的确是个可造之才，或许将来楚国的命运将会由他而改写……

第四节 昭府有女名碧霞

屈原在昭府，除了收获了众多藏书以及昭老爷子的垂爱之外，还认识了许多跟自己年龄相仿的昭家表亲，其中就有昭老爷子最疼爱的孙女碧霞。

碧霞是昭老爷子众多孙辈中的一员，昭老爷子有五个儿子，每个儿子都各有子女，加起来总共有二十三个孩子，其中十五个男孩，八个女孩。这二十三个孩子，都非常乖巧懂事，昭老爷子每个都喜欢。他把这些孩子培养得很好，每个人都知书达理，站在人前都会成为被夸赞的对象。这些孙子孙女当中，碧霞是最小的一个，自然分得祖父的疼爱也更多一些。当然，年纪小如果又爱闹人又爱撒娇的话，也是不招人喜欢的。她真正受祖父疼爱的原因，是她从小就聪明伶俐、乖巧懂事，且善良纯真。

碧霞生得花容月貌，又聪慧可人，与屈原一样也喜欢读书，且过目成诵。她娴于辞令，琴棋书画无所不通。她性格温顺，宽容大度，待人亲和，又懂得尊老爱幼。这种种美德，足以让昭老爷子疼爱不已，足以让旁人自叹不如，足以让少年们一见倾心。那些听说过碧霞美名的少年公子，整日上门提亲，都快把昭府的门槛儿给踢破了。不过，好像碧霞对这些公子并不感兴趣，挑了好久竟没有一个中意的。眼看着碧霞就要到出嫁的年纪了，昭老爷子也有些发愁了。因而这个时候，屈原的拜访可谓是恰到时候，将昭老爷子连日来发愁在为碧霞找归宿的心思给转移了。

这些天，屈原天天陪着昭老爷子聊天，在昭老爷子的书房中废寝忘食地苦读藏书。昭老爷子对这些看在眼里，心中也越来越喜欢这个年轻人了。有一天，他突然一拍脑袋，自言自语地说道："这真是天赐良缘啊，我一开始怎么没想到呢？为碧霞择佳婿，这屈原不就是一个很好的人选吗？"昭老爷子这样想着想着，竟孩子似的乐得笑出声来。不过事有不巧，碧霞半月前跟着母亲到郢都省亲去了，再过十多天才能回府。昭老爷子决定先把屈原留下来，待小孙女回来之后，二人见过面若是相互喜欢，就成全了这桩美好姻缘。

这天，屈原正在藏书室内读书，忽然家仆进来说："屈公子，我家老太爷请你到他的书房去。"屈原一听，赶紧放下手中的藏书起身前往，因为与那些竹简上的字迹相比，昭老爷子富有智慧的言语更让他期待。

走进昭老爷子的书房，屈原正欲开口问他今天有什么要赐教的，忽然瞥见屋内还站着两个人—— 一位雍容华贵的妇人，一位美艳动人的少女。只见这妇人，一身华服，头上戴着漂亮的发饰，眉目慈祥，笑起来很有亲切感。这少女跟这妇人长得有些相像，不过比妇人清瘦，衣着也比妇人穿得清素些，让人一望便觉神清气爽。

见屈原望着这两人不知道怎么开口打招呼，昭老爷子赶紧介绍说："这两位是我的儿媳和孙女，小孙女叫碧霞，就是你那些表兄妹们常常挂在嘴边的小才女。"屈原听罢，连忙上前拜见妇人，又向妇人和小姐介绍自己的姓名及与昭府的关系。妇人听罢，笑着说了些客套话，小姐倒是笑笑没开口。

屈原刚才不知道二位是什么人，并不敢盯着两人多看。现在仔细瞧来，这位小表妹长得真是漂亮可爱，她个头高矮适中，身体匀称，体态轻盈，她笑容清浅、颔首低眉地站在那里，显得极其端庄典雅。再看她那满头秀发，如瀑布般垂在肩上，一双柳叶眉，描抹得似两弯新月，两只大眼睛，清澈如湖水，一对小酒窝，不笑也好看……这样的女子，看起来真是楚楚动人，屈原竟觉得有些神魂颠倒……

再说这碧霞，初见屈原是个什么心思呢？她刚回昭府，就被几个姐姐拉去讲悄悄话了。这悄悄话的内容，自然离不了府上的客人屈原。几个姐姐对屈原的印象非常好，个个都对他赞不绝口。有的说他长相英俊、风流潇洒；有的说他才华横溢、博览群书；还有的说他性格古怪，太爱干净……总之，姐姐们把屈原形容得像是只应天上有的仙人一般。听过这些描述，碧霞便迫不及待地想要见见这个素未谋面的表哥了。

今天，碧霞终于如愿见到这个哥哥姐姐口中的仙人了。他果真如大家形容的那样俊朗，听他说话便知腹有诗书，深交定然谈吐不凡。只不过，碍于初次见面，碧霞并不敢与他搭话。在屈原上下打量自己的时候，碧霞也偷偷将屈原瞧了个遍。有时候正巧四目相对，碧霞便赶紧垂下头来，唯恐被这个表哥看出自己对他也同样感兴趣。

正当两人尴尬着不知道该怎么办的时候，碧霞的母亲开口了，她笑着对屈原说：“孩子，听我家老太爷说你酷爱读书，跟我这女儿倒是很对脾气。你不妨在府上多留几日，与你这小表妹探讨一下，也正好压压她的气焰，省得她仗着才学耍弄那些哥哥姐姐们。”听母亲这么说，碧霞的脸不由得一红，连忙轻推母亲嗔怪道：“我哪有欺负哥哥姐姐……”但是她的心里却开心极了，她正想多跟屈原接触接触呢。

经过了长辈的允许，两人便光明正大地天天在一起探讨起学问来了。碧霞是个懂事的孩子，她不仅每天跟屈原一起到藏书室翻看藏书，抄录书简，还主动承担起照顾屈原饮食起居的任务。每到屈原读书读到痴迷处，碧霞就轻手轻脚地将饭菜放到他的面前。屈原读书到深夜的时候，碧霞为避免他着凉就会为他拿来衣服披上，临走还不忘嘱咐他早点休息……

后来有一天，碧霞被昭老爷子叫到跟前，询问她对屈原印象如何。碧霞虽然害羞，但是在最敬爱的爷爷面前，还是吐露了心声："爷爷，我这些天与这个表哥朝夕相处，觉得他是一个知识渊博且有礼有德的人，他还是一个满腔抱负的热血男儿，一心想要成为楚国的栋梁之材，为百姓谋福。爷爷，他与别的公子少爷不同，真正是孙儿心中的理想伴侣。"

昭老爷子听完宝贝孙女的这番话，心中自是喜不自禁，心想自己的心思果然没有白费，就让这两个年轻人继续接触吧！不过两人的事情成与不成，还是要等到问过屈原的意思之后，才能确定。

第五节 深情厚谊情相系

碧霞对屈原既然已经芳心暗许，在平日对他的照顾中便更加尽心尽力。有时候，她怕屈原整天待在藏书室会觉得闷，就会费尽心思找点别的事情来做。她听人说屈原喜欢亲近自然，爱到山间溪旁漫步，就找时间陪屈原去山林狩猎或是到湖中捕鱼。在大自然美景的熏陶下，两人的身心得到彻底放松，少了平日在府中的矜持，多了些年轻人间的亲切。

在与碧霞的相处中，屈原越来越觉得她可爱了，也越来越离不开她了。有时候，碧霞被姐姐们拉去做女红，屈原一个人去读书的时候便有些坐立不安。这个时候，屈原发现原来自己是真的喜欢上了这个温柔可爱的小表妹。

不过，坠入情网的屈原，并没有完全沉浸其中，而是将对碧霞的爱意化作了无穷的动力，更加努力地读书和学习。屈原来昭府这么多天，被府上的藏书吸引着，被昭老爷子的才学督促着，被碧霞的美丽鼓舞着，于是整天没日没夜地看书。最终，屈原的身体终于有些吃不消了，一下子便病倒了。

昭府为屈原请来大夫，大夫发现他发着高烧，嘴唇青紫，呓语连篇，又简单问了一些情况，最终断定屈原的病是积劳成疾所致。大夫为屈原开了几服药，叮嘱大家让他多休息，还嘱咐昭老爷子派专人对屈原细心服侍，留心观察。

屈原这一病，把碧霞吓得不轻，他看大夫这么嘱咐爷爷，生怕屈原会一病不起，竟然伤心地哭了起来。这些日子，大家已经看出碧霞对屈原的情意了，因此纷纷安慰碧霞放宽心。初陷爱河的碧霞，对屈原紧张得不得了，怎么会放下心来？每天除了进进出出照顾屈原外，就是到爷爷和母亲那里求他们再给屈原找些名医，开些珍贵药材，恨不得屈原马上就能恢复得生龙活虎。

经不住碧霞的执拗，也因为担心屈原，昭老爷子最终决定派人去郢都请一位名医来为屈原诊断。这位名医是一位古稀老人，有着丰富的诊疗经验，据称什么样的疑难杂症到了他的手里都能药到病除。他的到来让碧霞紧张的心绪平复了下来，终于肯安心照顾屈原了。

不过说来也怪，这位名医的看诊方式还真是与众不同。他非常注重个人卫生，每次去为屈原检查都要洗好几遍手，而且显得不紧不慢。他先翻眼皮，再看舌苔，然后就是把脉。待查看过后，老名医凝神闭目沉思片刻，然后奋笔疾书地写下了一个药方。把药方交给昭老爷子之后，老名医说他郢都还有事，明天就要赶回去。昭老爷子跟碧霞一听就急了，昭老爷子刚想说话，碧霞就抢先说道：“老先生，他还没有好，您这就要走，万一……”老名医笑着打断道：“放心，按照这个药方，让他煎服一个月，我保证药到病除！”

老名医走后，碧霞按照他的嘱咐，每天悉心照料屈原，按时煎药喂药。这段时间，她仿佛与屈原血脉相连——屈原高烧不退，她便浑身直冒汗；屈原身上疼痛，她就疼在心里；屈原食欲不振，她也跟着水米不进；屈原昏迷呓语，她也跟着失魂落魄……

经过细心照料，屈原的病情慢慢好转了，精神好的时候还能逗碧霞开心，为碧霞唱些感情真挚的诗歌……虽然屈原大部分时间只能待在床上，但是有碧霞陪伴，他的心情还不错。碧霞每天将藏书室中的书拿到屈原床前，亲自读给他听。如果天气好的话，碧霞还会将屈原搀扶到外面透透气，晒晒太阳，好让屈原更好更快地恢复健康。

一个月后，屈原果然如老名医承诺的那样痊愈了。经过这场大病，屈原与碧霞两人的情谊更加深厚了。

这天，屈原邀碧霞到溪边捉鱼，两人一大早便拿着竹篓，带上一些简书出门了。来到溪边，屈原下到水中，屏气凝神地等待鱼儿从眼前游过，然后猛地一抓，鱼儿便在手中了。每次见屈原抓到鱼，碧霞就站在岸上高兴地拍着手笑，然后接过屈原递过来的鱼放入竹篓。两个人玩得高兴时，就完全卸下了人前的矜持，跳着叫着玩得像个孩子。玩累了，他们便坐在溪边的草丛中，拿出准备好的书，各自读起来。读到不懂的或者是写得非常好的内容，两人就会一起讨论、分享，有时候还会因一两句话争得面红耳赤……不过，屈原到底是哥哥，到最后总会向碧霞妥协。

争论过后，两个人好不容易安静下来各自看书，忽然屈原站起身来，踱着步子念起了《诗经》中的名篇《关雎》：

关关雎鸠，在河之洲。窈窕淑女，君子好逑。

参差荇菜，左右流之。窈窕淑女，寤寐求之。

求之不得，寤寐思服。悠哉悠哉，辗转反侧。

参差荇菜，左右采之。窈窕淑女，琴瑟友之。

参差荇菜，左右芼之。窈窕淑女，钟鼓乐之。

碧霞何等聪明，她当然知道屈原读这首诗不是要跟她讨论什么，而是要向她表露心迹。但是她更想听屈原亲口说喜欢自己，因此便装糊涂道：“屈表哥，你是对这首诗有什么不明白的地方吗？”屈原一听，心想这小丫头这是在跟我装糊涂啊，好吧，我就成全她，陪她演演戏，于是笑着回答说：“是啊，这首诗中描述的感觉我也不曾体会过，怎么会明白它所蕴含的意义呢？”碧霞听屈原这么说，立马就生气了：“你没体会过，我就体会过吗？你去找个窈窕淑女喜欢一下，不就行了嘛！”说完后，气呼呼地就要站起来走。

屈原一看这阵势，赶紧赔罪：“好妹妹，别生气了，我是跟你开玩笑的，我怎么会体会不到这种朝思暮想的感觉呢？我喜欢的姑娘就在我身边，每天陪我读书解闷，我有不明白的问题，还帮我向人请教。在我生病的时候她衣不解带地照顾我，为我洗脸梳头，带我晒太阳……我像她喜欢我一样喜欢着她，就是不知道自己配不配得上她，跟她表白她会不会接受……”屈原说完，满含热望地看着碧霞。这时的碧霞早已感动得泪流满面，她哽咽着说不出话来了，只是拼命地点着头，表示她愿意接受屈原。

屈原看碧霞愿意接受自己，就激动地一把将碧霞揽入怀中，高兴地说道：“碧霞，你终于接受我了，我要告诉昭老太爷，求他把你许配给我……”碧霞娇羞地点点头，和屈原抱得更紧了……

第六节 才子佳人结良缘

自那日表白成功之后，屈原与碧霞的感情比之前更好了，常常出双入对，简直形影不离。眼看着离自己向父亲承诺的归家时限越来越近了，屈原心中焦急不已，因为他还没有找到合适的机会向昭老爷子及碧霞的父母禀明一切。

这天，屈原又被昭老爷子请去书房闲谈，昭老爷子像往常一样询问道：“孩子，最近都读了些什么书啊？感觉有哪些收获呀？”屈原一一作答，但是回答时的语调和语速与往常的有很大不同，这次屈原的话语说得有些断断续续，像是被什么扼住了喉咙似的。昭老爷子严肃地问道：“孩子，大丈夫坦坦荡荡，说话要底气十足，别跟做贼似的，如果有什么困难就尽管跟爷爷说。”

见老爷子已看出端倪，屈原也不好再隐瞒什么了，于是鼓起勇气说道：“老太爷，我在府上也待的时间不短了，过几日就要返回乐平里的家中，我非常感谢您这些天的款待和教导，也很感谢各位表兄妹的照顾……尤其要感谢碧霞妹妹，在我生病期间多亏了她的照料。通过这些天的接触，我对碧霞妹妹十分倾慕，已经超出了兄妹之情，我想请您把她许配给我……我知道，我们屈府在贵族中已经败落，但是我一定通过自己的努力，好好照顾碧霞，我希望您能答应我的请求……”屈原说完这些话之后，深深地吸了一口气，显然是说得有些吃力，但说完后，屈原有一种如释重负的感觉。

昭老爷子听屈原说完这些话，心里乐开了花，连眼睛都闪烁着喜悦的亮光。他走过去拍拍屈原的肩膀，说道：“傻孩子，跟我相处这么多天了，你觉得我是嫌贫爱富的人吗？如果是，那么追求碧霞的人中早就有我想要的人选了。说实话，从见你的第一面，我就喜欢上你这个孩子了，我想碧霞跟我的心情是一样的。我想让你成为我们昭府的女婿，有心撮合你们，所以才让碧霞陪你读书，跟你一起探讨学问。”

原来如此，怪不得昭府二十多个表兄妹，每天陪着自己的，只有碧霞一个。屈原很感激昭老爷子的一片良苦用心，更钦佩于他的大度与开明。从昭老爷子的书房一出来，屈原便径直找碧霞妹妹报告喜讯去了。

屈原走后，昭老爷子赶紧提笔给屈原的父亲伯庸写信，他料定屈原还没有贸然将此事告诉自己的父亲，所以由他跟这个表侄子分享好消息最为合适。他在信中先详细叙述了屈原此番驻足昭府读书学习的情形以及迟归的原因，字里行间还不忘盛赞屈原的聪慧与刻苦攻读的精神。之后他才将屈原与碧霞交往的事情说出来，免得伯庸在那边怪自己的儿子不务正业，只知道谈情说爱。在信中他还明确表示自己非常赞成这桩美好姻缘，希望屈昭两家能够亲上加亲，永结秦晋之好。

在即将离开的这些天，屈原非常珍惜在藏书室里的日子，因为里面有许多书籍他还没有来得及涉猎浏览，这一去就会与这些珍贵宝典失之交臂了。此外，他还非常珍惜与碧霞在一起的日子，毕竟他还不知道父亲什么时候让他将碧霞娶回昭府，他听说有的人家订婚之后三五年都不急着办喜事，他怕……总之，余下来的日子，屈原是一天掰作两天过的。

终于到了离别的日子，上天好像是同情这对即将分别的小情侣似的，竟下起了毛毛细雨。屈原站在竹岛的最边缘，一群昭府的少爷及家丁站在他的周围，为这位招人喜爱的客人送别。昭老爷子因为年事已高，没有前来江边送别屈原，但他答应了碧霞出府送别屈原的请求。碧霞是一众人中最后一个跟屈原道别的人，也是道别时间最长的人，她嘱咐屈原在路上照顾好自己，到了家中别忘了给她写信报平安。屈原一一应允碧霞的嘱咐，也对碧霞说了些安慰的话，希望在他走后碧霞不要太想念自己，并承诺早日来迎娶她。

告别完毕，在艄公的催促下，屈原依依不舍地踏上了小船。他不愿进船舱，一直在细雨中向岛上挥手，直到碧霞和昭府的亲人们逐渐消失在朦胧的烟雨中。

在屈原看来，归程好像比来时快了很多。是的，他已浏览过香溪的绝美佳景，也领略过周围村落的别样风情，带着满满的见闻和学识回到了乐平里。

一回到家中，屈原就急匆匆地去拜见父亲伯庸和母亲修淑贤。一来是离家这么久，确实想念双亲了，二来是想请示他们自己与碧霞的婚事。令屈原没想到的是，父母简单问过他在外的一些事情之后，竟然主动提及了他与碧霞的婚事。原来，昭老爷子的书信比他快一步到达了屈府，这样倒省得自己从头解说了，屈原心里对昭老爷子的感激又加深了一层。

话说伯庸那日接到表叔昭明晖老爷子的书信后，简直是受宠若惊。在他看来，昭府是贵族中的大户人家，自己这个日渐败落的小户贵族根本就高攀不起。如今昭老爷子主动提出要与他结亲家，他哪还有什么可推脱的呢？当下便派府上的家丁张罗起迎娶之事，还在屈原回来前挑选了一些懂礼精干的家仆赶赴昭府提亲去了。他想自己府上虽然不算富有，但好歹也是个贵族，又是跟贵族结亲，绝对不能马虎失礼，送去昭府的聘礼也绝对不能太过寒酸，一定要按三书六礼为儿子操办婚事。

得知父亲已与昭老爷子商定好结婚的吉日后，屈原便如热锅上的蚂蚁一般，整日坐卧不安，全然没有了往日的镇定。毕竟这是他人生的头一件大事，娶的又是与自己情投意合的姑娘，欣喜激动是在所难免的。

锣鼓震天，鞭炮响，喜事临门。屈原与碧霞成亲的日子终于到了，二位新人在父母及亲朋好友的见证下结成连理。从今往后，二人终于可以实现之前的愿望，过着夫唱妇随，琴瑟相应，赛过神仙的日子了……

修身，齐家，治国平天下。前两者屈原都已圆满完成了，他今后最大的任务就是安心研究他的治国之道，为早日实现他的伟大抱负而努力……

第四章

时缤纷变易：联兵力攻秦，改革定法令

凭借着突出的才能与带民抗秦的功劳，屈原步入了仕途。从而，他得见怀王，满腔报国之心便有了希望和寄托。在怀王的信任下，屈原制定法令，主持变法改革，此事一出震动朝野。为了楚国能够真正走上振兴之路，从而实现统一六国的霸业，屈原又施展外交才能，促成了六国合纵的盟约。

第一节 先天下之忧而忧

生逢乱世，想要过安稳的日子，对屈原来说是一种奢望。天下七分，人人懂得弱肉强食的道理，因而各国不断掀起攫财掠地的战乱。就拿秦国与楚国来说，秦强楚弱，秦兵便不时到楚国边境滋扰生事，弄得楚国百姓终日人心惶惶。

屈原的家乡乐平里距归州约八十里，西通巴蜀，北连雍州，是四通八达的交通要道，乃兵家必争之地，正因如此，这样常发生战乱，更是会祸及周围的百姓。而秦国士兵及流寇是骚扰乐平里的常客，他们一到便烧杀劫掠，无恶不作：抢粮食、劫财物、赶牲畜、捉壮丁、虐妇女、杀老幼，简直狠如豺狼，恶如虎豹，被袭的村落一时间天昏地暗，哭声震天，血流满地，让人惨不忍睹……

不过，压迫越深反抗就越激烈，楚地的百姓从未间断过对暴秦的抵抗。一开始，受欺压的百姓还希望政府能为他们出头，惩治行凶的秦兵恶贼，但是国君昏庸，官员无能，根本就不把百姓的生死放在心上。后来，被逼无奈的百姓只能揭竿而起，自发组织抗秦队伍。

公元前 321 年，屈原 19 岁，已有能力组织起抗秦民众，并很快成为乐平里的抗秦领袖之一。屈原平时爱读兵书，对《孙子兵法》中的计谋了然于胸，在抵抗侵略时常常将秦兵打得落花流水。除了读书之外，屈原还十分热爱习武，他膂力过人，年纪轻轻便练就了一手好剑法。这样的文武全才，自然深受大家的拥戴。

在抗击秦兵时，屈原主张迎头痛击，不躲闪，不退让，给秦兵以致命打击。在他组织的队伍里，不收胆小的人，不收老弱残兵，不收家中独子，只要那些年轻精干，敢打敢拼，心无牵挂的人。因为只有这样的队伍，才能敌得过如狼似虎的秦兵，才能真正保护妻儿老小不受侵害。

屈原常想，当年楚国也曾在楚庄王的努力下称霸天下，也曾谱写过光辉灿烂的历史，可如今为什么会积贫积弱，沦为任人宰割的羔羊呢？说到底，还是官员贪污腐败，蛊惑君王，君王不思进取，糊弄百姓所致。所以，只要君王能够励精图治，官员能够为民请命，那么楚国重振雄风便指日可待。

他还分析出，天下“合久必分，分久必合”的规律。而从目前的形式来看，秦国兵力最强，齐国民众最富，楚国疆土最大，三国都有统一天下的条件。作为一个有理想有抱负的年轻人，作为以黄帝后裔身份为自豪的楚国贵族，屈原自然希望自己的国家能够完成这一历史使命。因而，他认为带领民众进行强硬的反击是明智之举，也是强楚之策，更是统一天下的预备战。

带着这样的梦想，屈原领导他的队伍打了几场漂亮仗，给了无恶不作的秦兵以沉痛的打击，也让这些年对秦兵骚扰无可奈何的楚国国君及官吏注意到了这个颇有能力的年轻人。于是，在百姓极力拥戴的呼声中，楚怀王颁下诏书召屈原进京为官，并许诺委以要职。

接到诏书后，屈原并没有和大家一起把酒庆祝，而是将自己关在书房里查阅相关的历史典籍，他要重新温习一下商鞅、李悝、吴起等人的变法经验，为明日进京朝见君王做准备。从小便忧国忧民的屈原，一直梦想着有朝一日入朝为官后要重整朝纲，改善官员腐败，君王懒理朝政的习气。因而，他每天读完那些记录治国之道的书籍后，都会伏案总结到深夜。如今，这些努力成果终于要有用武之地了，屈原自然要赶紧拿出来温习温习。

屈原的父亲伯庸，得知儿子即将被楚王重用，显得尤为激动。当即便把儿子叫到跟前，语重心长地嘱咐道："儿啊，我们屈氏一族为国君本家，皆属黄帝后裔，你今被楚王看中，一定要好好表现，不能丢屈家的脸。"屈原听后，拼命地点点头。

伯庸又接着说道："为父知道你性格耿直，但也要懂得伴君如伴虎的道理。凡事不能硬来，既要懂得直言进谏，更要顾及君王的颜面。你一定要以你的先祖们为榜样，做一个对朝廷尽忠，为百姓谋福的好官！"

听到这里，屈原已经满含热泪，不是因为即将离开他最敬爱的父亲，而是父亲的一席话，句句都说到了他的心坎里。果然知子莫若父，他的性格，他的抱负，他的坚持，即使不向父亲说起，父亲也都知道。屈原突然扑通一声跪倒在地，向父亲磕了三个响头，一是感谢父亲的养育教诲之恩，二是感谢父亲的理解之意，三是惭愧今后不能为屈家分忧。磕完头之后，父子二人便热泪盈眶，相拥话别。

进京的前一天晚上，那些平日受过屈原恩惠，敬佩屈原为人的乡亲都来到了屈府与他道别。乐平里的乡亲们是热情朴实的，他们个个都不空手送别，有的为屈原带来了路上吃的食物，有的为屈原赶制了一两套御寒的衣服，有的还投其所好地将家中的藏书赠予屈原……看到乡亲们的一片真心，屈原感动得说不出话来，只是一个劲儿地感谢。

看屈原如此难以自已，一个乡亲就说道："好了好了，屈少爷是要进京为官，又不是去上街讨饭，大家高兴点……我问问屈少爷，你这次进京，都为君王准备了什么奇珍异宝做见面礼啊？"

听了问话，屈原努力控制了一下情绪，回答道："大家都知道我们屈府是败落贵族，哪有什么奇珍异宝要献给君王啊？我带的礼物就是我满腹的学识，还有这一腔报国的热血。"说着屈原自豪地拍拍胸脯。

大家一听，连忙起手鼓掌，连声称赞。这样一来，屈原反倒觉得不好意思了，心想可别被大家认为骄傲自大了……其实，大家并没有认为屈原骄傲自大，反而觉得他意气风发，朝气蓬勃，是未来楚国振兴的希望所在。

第二天，屈原带着简单的行囊出发了。如同那次香溪游历一样，他独自一人乘着香溪小船，没有带一个家仆随行。他已经习惯了独来独往，习惯了一个人在旅途中思考问题，习惯了一个人平复内心的紧张情绪。此去京都，一切都是未知数，屈原不想对前途抱有太大的奢望，他只想尽力而为，早日实现他振兴楚国，福及百姓的抱负。

第二节 出山进京见君上

这是屈原第一次进京。公元前 320 年的郢都十分繁华，街道上人来人往，接踵摩肩，让喜欢幽静环境的屈原一时间有些无所适从。郢都跟屈原想象的一样，都城阔大，城墙围地三十余里。为保证百姓顺利出行，城墙四周开着八孔高大的城门，即使这样屈原过城门的时候也觉得有些拥挤。

屈原所过的那个显得拥挤的门，叫作“棘门”，是郢都的特色，凡是进京的外来人都要一睹它的风采。在入门之前，屈原久久地伫立瞻仰，心中澎湃万分。他早就听说过棘门，它是当年的楚国国君用来激励万民不忘先人创业艰辛所设。据传，西周时楚人立国于山林之中，没有城池，更没有围墙，只能用荆棘围成寨子以划分自己的国界。此后，楚国之“荆国”、“荆人”便由此得名。

屈原被楚王派来的宫人接入宫中时，一路上走走停停，因为这宫人与屈原是同乡，也是归乡人，他听说屈原为乡里做了许多好事，便对这个年轻人十分偏爱。一路上，宫人像导游似的为他介绍宫中建筑。这位好心的宫人还告诉屈原哪些是他能进的地方，哪些是他不能进的地方，以及哪些地方住着哪些人，甚至包括哪些地方是楚王平日喜欢去的……受到如此关照，屈原自然对他感激不已。

进入宫中后，屈原发现宫内真的是入眼全是红色，红色的宫墙、红色的砖瓦、红色的柱子、红色的装饰品、红色的漆器杯盏……甚至官员所穿的朝服，都是红色的。虽然进宫之前，父亲大人已经告知屈原楚国崇尚红色，但真的置身其中，屈原心中还是有很大震撼。事实上，楚国之所以崇尚红色，这与他们楚国的神话传说有关：

相传，楚国人的祖先祝融，与炎帝神农氏一样，都是火神。他居住在南山的尽头衡山。有一天，他将火种带入人间，并教人类使用火的方法，而神农氏教人们怎么种谷物，从此人们便过上了刀耕火种的日子。而且祝融还喜欢在山林中弹奏悠扬动听、感人肺腑的乐曲，他还作了一曲名为《九天》的乐曲，来振奋百姓的精神，使人们对生活充满无尽的热爱。

因为南方多山林沼泽，适合刀耕火种，因而火在他们生产生活中起着非常重要的作用。楚国地处南方，深知火的重要性。正因如此，他们把火神祝融当作自己的祖先，并开始崇尚红色，认为那是火的颜色。当然，他们和祝融一样，也喜欢唱歌，因为唱歌可以表达他们对生活的热爱。

除了看到宫中到处都是红色外，屈原还发现楚国的每一处建筑上都雕刻有凤凰。宫人告诉他这凤凰是祖先祝融的化身，所以国君才让工匠们在楚宫遍雕此鸟。

走过大半个宫殿之后，终于要见到国君楚怀王了。宫人对屈原说：“大王念你抗秦护民有功，特地在明堂接见你。进去吧，要小心说话，千万别惹大王不高兴了。”说完，宫人便将他交给怀王的近臣，忙自己的事情去了。

屈原走进明堂，跪在了大殿上，头虽然一直低垂着，但是从他的神态中可见他的不卑不亢。就在这时，他听见自上方传来一个洪亮的声音："你就是屈原？抬起头来，让寡人瞧瞧……"屈原听命，慢慢把头抬起来。怀王见他一表人才，衣着整洁，心里十分喜欢，笑着说道："嗯，果然风度不凡。"这时，屈原也把怀王打量了一番，只见他端坐在王位上，面目慈祥，体态微胖，头戴华冠，身着宽袍，看起来十分威严。

屈原心想，这便是我日后要为之尽忠的君王吗？他果真如父亲所说缺乏主见，不善处理朝政吗？我满腔的抱负真的能经由他而实现吗？想着想着，屈原的脑海中便如梦如幻，仿佛已经看到自己变法改革之后楚国的新景象……

正当屈原浮想联翩之时，怀王开口了："屈原，快来见过寡人的两位得力大臣。我左边的这位是上官大夫靳尚，右边的这位是令尹司马子椒。他们都是办事能力很强的大臣，深得寡人信任，你以后在朝政上有什么不懂的地方，就向他们二位请教。"屈原忙一一上前拜见。

近看，屈原发现上官大人靳尚虽然其貌不扬，但是却长了一双明亮有神的眼睛，一看就是个脑子灵光的人。不过，他这眼睛老不往一处看，滴溜溜地乱转，仿佛做了贼怕被人发现似的。再看这令尹司马子椒，是个精瘦的老头儿，他满脸花白胡子，面无表情，就在屈原向他作揖行礼的时候也是一副目中无人的样子。

仔细观察过怀王口中的两位治国能臣之后，屈原忽然有一种失落感。因为他从这两位大人身上，并没有看出文韬武略的才能，也没有看出为民请命的忠心，看到的只是他们自内而外流露出的贪婪与欲望……屈原本想着见到怀王之后，便立即说出自己变法改革的想法，但看见这两个朝堂蛀虫，就什么谈话的兴致也没有了。

怀王见屈原欲言又止的样子，就问道："屈原，你是不是有什么话要对寡人说?”屈原一听，忙佯装打哈欠，语气略带疲惫地说道：“是的，大王，但是我今日初登朝堂，心里有些紧张，一时不知道说什么好。而且……一路上舟车劳顿……有些困乏了……”

怀王体谅地说道：“好，好，你先下去歇息吧……嗯，对你具体的安排待三日之后我试过你的才学之后再做定夺。”听了怀王的话，屈原连忙点头称是。而靳尚与司马子椒两人则相视一笑，进而对屈原露出不屑的神情。屈原对这些看在眼里，心中十分庆幸没有当着两人的面说出自己的改革想法。

再说说楚怀王，他对屈原的印象非常好。一来，他知道屈原与自己是本家，心里便对屈原多了几分亲近之感；二来，他看屈原文质彬彬，衣着谈吐尽显儒雅，十分欣赏；三来，屈原初次见他，话并不多，看着不似那些个夸夸其谈想要谋取功名利禄之辈，更加喜欢。于是，他便有了三日之后再见屈原的想法。而且，他早就听说这个年轻人博览群书，善于辞令，很想见识见识。但见屈原推说劳累，他便猜出屈原是想要单独与自己倾谈，所以便许他三日后再见。由此可见，怀王虽然做事没有主见，但是并不愚钝。

回到怀王为他安排的住所之后，屈原若有所思，他在想三日之后究竟要怎样开口对怀王说出自己的政见，而朝堂之上这些奸佞腐朽的臣子会容得下自己吗，自己又该如何在怀王与这些大臣中周旋，才能让怀王摆脱他们的控制和影响……总之，屈原此刻满腹心事。

第三节 畅谈变法之重要

在等待怀王召见的这三天中，屈原一天也没有闲着，每天都伏案苦读至深夜。虽然他在进京之前就已做好了充分的准备，但是他不想浪费时间，想要抓住每分每秒想出更多治国良策，以便在与怀王交谈时能一语中的，将变法改革的想法变为现实。

终于到了与怀王约定的日子，内侍傍晚的时候，早早便来传召屈原。这次见面的地方被安置到了兰台之宫，它是楚国历代国君读书练字的地方，也即帝王的“书房”。进入这个布置雅致的“书房”，屈原便感到一种特别的亲切感，因为这个地方到处都堆放着书简，墙上还挂有优雅别致的壁画，既没有大殿的富丽堂皇，也没有大殿的压迫感，怀王选择这样一个地方与他见面，不可谓不用心。

屈原见怀王正坐在案前全神贯注地读书，便并没有贸然打搅，只是恭恭敬敬地站在一边等候。待怀王察觉时，屈原已站了半个时辰。怀王满脸歉意地说道：“是屈原啊，我读书读得太投入了，竟没有发现你已经来了。”屈原笑着回复："屈原见过大王，刚进来时，见您正在认真读书，就不忍心打扰。"怀王一听，也笑了："哈哈，看来你把读书学习看得很重要啊，同时也说明你非常懂礼貌。你猜猜看，我刚才正在读什么内容？"见屈原回答不上来，怀王接着说道："《橘颂》，这是你写的诗歌吧？这篇诗歌借物言志，细腻地描绘出橘树的内在美与外在美，还表明了自己'苏世独立'、'横而不流兮'的立场，寡人从中看出了你高洁的品格和与众不同的追求啊！"

听怀王这样夸赞自己，屈原简直受宠若惊，他从未想过自己年少时的粗浅文章会被君王看到，还能得到君王的认同。于是连忙谦虚道："那都是年少时一时有感而发的浅见之作，不值得您大加赞赏……"怀王见屈原这般谦虚，便大手一挥，打断了他的话，继而豪放地哈哈大笑，说道："屈原，今晚这里只有你我二人，你就不必这样谦虚谨慎了。你有什么说什么，不必理会那些君臣间的忌讳，只管将你的满腹治国方略倾囊倒出。"

怀王的这番话，让屈原震惊不已。他一直认为怀王高高在上，是他们这等人难以亲近的。如今看来，怀王并不像外界传言的那样只知道贪图享乐，对国家大事置之不理，对人才不加重视。那么，他畅谈变法，欲振兴楚国的理想还是很有可能实现的。

想到这里，屈原便不似刚才那般紧张了，他直奔主题，直接对怀王说道："大王，臣有满腹治国想法，苦于一直没有机会对您说出来，今日我可要一吐为快了。"

怀王道："寡人洗耳恭听，我早已听闻你对振兴楚国胸有成竹，今夜召你前来就是为了这个，请但说无妨。"

屈原本来就娴于辞令，现又得怀王恩准，解除了那些繁文缛节的束缚，便如脱缰的野马一般，将胸中准备已久的想法一股脑儿地倒了出来……

屈原首先从天下形势说起，点出各国争霸最终走向是实现统一，而当今最有实力实现统一的，就是秦国和楚国。所以，屈原劝说怀王要励精图治，使楚国尽快富强起来。谈到富强，就谈到了屈原最想对楚王说的内容上了——变法改革。

屈原对怀王讲，变法改革是楚国当前实现富强的唯一出路。因为但凡历史上那些由弱变强的国家，无不是从变法改革找出路的。例如秦国，公元前 359 年，秦孝公任用商鞅实施变法，鼓励发展农业，加强军队建设，在政治、经济方面实施巨大变革，促使社会生产力迅速增长。在十余年的时间里，使百姓安居乐业，家给人足，军队战斗力增强。在此基础上，秦惠文王才能耀武扬威，称雄六国。

见怀王听得津津有味，屈原话锋一转，又讲起了楚国在成立之初的光辉历史，为的是提升楚王的自豪感，增加其统一七国的信心。屈原说："大王若想重振祖先声威，当明白创业艰辛，要努力使百姓衣食无忧，国库充盈；使军队斗志十足，兵强马壮；使政治清明，官员奋发。可这些，又无不受变法改革的影响，而变法改革的彻底与否，更决定着楚国的兴衰成败！"

见怀王对变法改革的观点有些犹疑，屈原就又以本国历史上的改革事实为例，向怀王阐述变法的重要性。他讲楚庄王时（前 613——前 590），国家十分崇尚法治，王子犯法均与庶民同罪。这样王公大臣及平民百姓在做事之前，都会先思考此事是否在法制范围之内，一时间政治清明，国内一片和谐。楚悼王时（前 401——前 381），吴起实施变法，一年之后便卓有成效，在较短的时间内楚国便傲视中原。所以，只有凡事有法可依，国家才能长治久安，百姓才能安居乐业，自己的国家才能真正有实力赢得别国的尊重。

听罢屈原的这番宏论，怀王连连点头称是。见怀王已认识到法治的重要性，屈原便乘胜追击，继而又点出楚国不仅有崇尚法治的传统，一些早前所创立的《五典》、《八索》、《九丘》等法典，还被其他国家所采用。所以，楚国在变法改革上是有很大优势的，更是有很多可借鉴的先例。

漫漫长夜，转瞬即逝。从当前天下局势，到楚国以往变法实例，再到点明楚国振兴变法所起的重要作用，以及现在实施变法的优势，屈原整整讲了一夜。这一夜时间里，除了饮水、吃点心和上茅房，屈原的嘴没有停歇过。讲起事关楚国兴衰存亡的变法改革，屈原激动异常，兴奋不已，没有一丝疲倦，唯恐自己的一丝懈怠影响此次与怀王长谈的结果。

事实上，怀王已经被屈原说服了，不等屈原讲完，他的内心就已升腾起了变法改革的火焰，想要尽快干出一番惊天伟业。于是，怀王让屈原尽快将变法改革的事项了解清楚，在宫中这些日子除了读书学习外，也要尽量与大臣们多多接触。也就是说，经过这一夜的长谈，屈原的才能已经被怀王认可了，他变法改革的梦想的实现也指日可待了……

第四节 深得楚怀王信任

屈原的到来，对尚有一丝成就千秋伟业热望的楚怀王而言，似春日的一缕清风，吹得他精神倍增。在他的身边，大多是些浑噩无能、腐朽奸诈之人，从来没有人像屈原这样催他奋进，也没有人对他分析过楚国目前的惨淡处境，更没有人教他如何自立自强不靠谄媚暴秦度日……一时间，怀王非常倚重屈原，每日不见他便觉得浑身不自在，唯恐自己又回到以往那种不思进取的生活中去。

经过初次见面以及那晚的彻夜长谈，屈原已被怀王认定为不可多得的人才，再加上他与怀王是同族本家，更是深得楚王喜爱，很快便任命他掌管王室宗庙事宜，还将培养教育太子熊横和幼子子兰等王族子弟的重任交托于他。受怀王如此器重，屈原自是喜不自禁，决心尽心竭力地为楚国效力，绝不辜负怀王信任。

屈原掌管宗庙事务根本不用花太多心思，自有许多经验丰富又善于巴结上司的属下为他排忧解难。若说起真正不辜负怀王信任，还是要说他在教育太子时所付出的心血。当时，太子年少，虽然聪明伶俐，但玩心很重，根本无心学习。那些平日里围在他身边的老先生，个个都捧着他惯着他，只要他高兴，恨不得天天舍命陪他玩，以至于学业都荒废了。待到怀王考问儿子功课时，每每失望之极。

如今，由屈原担任太子的指导老师，上课风气完全不同。屈原爱整洁，在太子面前总是一副儒雅打扮，浑身散发着让人倍感舒服的幽香，不像之前的那些老先生一样邋里邋遢，让人一见便对听课兴趣索然。而且他博闻强识，讲学时常引经据典，时而还会讲一些有趣的小故事，因此，太子的注意力完全被屈原吸引了。与以往那些教太子读书的老师不同，屈原竟在太子面前纵谈国家大事，将在怀王那里说过的话对太子说了一遍。太子是日后楚国的继承人，可以往的那些老师似乎都忽略了提早教他接触国家大事，但屈原教了。对于屈原的观点，太子非常赞同，甚至说出了自己的一些看法。屈原由此发现，太子并非如怀王认为的那样不思上进，而是在腐臣的影响下变得自暴自弃了。

在屈原的引导下，太子慢慢开始勤奋读书，渐渐关心起国家大事了。在与怀王交流时，竟也能侃侃而谈，出口成章，所论时政句句贴合怀王心意。看见儿子有如此大的长进，怀王自然对屈原赞赏有加，而且也对屈原越来越信任了。因为在怀王看来，一个肯认真教未来储君读书学习的人，绝对不会是一个害君误国的贼子。

于是，每当怀王在处理朝政时遇到难题，总会把屈原叫去，听听他的看法。有一次，大臣们在讨论一桩闹得很大的秦兵扰民冲突事件。一方大臣认为，秦兵扰民由来已久，百姓反抗也在情理之中，这起冲突事件中秦兵损失惨重也是咎由自取，我们根本无须给秦国交代；而另一方大臣则认为，秦强楚弱，不能为了几个百姓而得罪秦国，我们必须主动向秦国示好道歉，严厉惩治那些杀害秦兵的乱民。双方大臣公说公有理婆说婆有理，弄得怀王举棋不定，烦躁不已，在一片争吵声中怒斥退朝。

下朝之后，怀王仍旧非常生气，在书房中摔杯扔碟，不住叹息。忽然，他想起了那个总有不同见解的屈原来，便赶紧命内侍将其找来。屈原认真听怀王复述完朝堂上的事之后，不紧不慢地问道：“不知大王对此事看法如何？”怀王气呼呼地答道：“我当然不乐意向秦国赔礼道歉了，本来就是他们欺负我楚国百姓，理亏在先，凭什么恃强凌弱逼我们认错？”

屈原听罢，哈哈大笑：“大王，您既然有这番见解，又何必为大臣们的争吵而生气烦心呢？您，才是楚国的一国之君，凡事都由您做主。您有自己的想法，有自己的是非判断标准，认为对的事，您就要毫不犹豫地去做，错的事就要坚决否定。再说，秦国欺凌我楚国百姓已不是一天两天的事了，如果我们一直这么纵容他们，他们势必更加猖獗，会认为我们楚国国君软弱无能，我们楚国的臣子尽是些酒囊饭袋，我们楚国的百姓就是待宰羔羊，任人鱼肉。那么，我们何时才能国富民强？何时才能重振楚国声威？何时才能实现统一六国的宏图大业呢？”

屈原的一席话，如醍醐灌顶，令楚王如梦初醒。

第二天上朝，楚王像变了一个人似的，第一次在一片争执中拍板裁决——坚决不向秦国赔礼道歉。这次的裁决干净利落，完全不似之前那样，由辩论胜出的大臣对他指手画脚教他怎样做事。看着堂下突然震惊得鸦雀无声的大臣，怀王心中有说不出来的快感。这天下朝，他几乎是一路哼着小曲回寝宫的。他没想到，自己做主裁定国家大事的感觉竟是如此美妙。他甚至还有些生自己的气，气自己之前为什么那么没有主见，为什么在大臣面前那样软弱妥协，使自己丧失了这么多年的从政快乐。

再次召见屈原，怀王将自己这次的感觉对他说了一遍。他问屈原，这究竟是怎么一回事？屈原告诉他："大王，您终于懂得如何行使您作为国君的权力和特权了。这是一件多么令人欢欣鼓舞的事情，您怎么会不感觉美妙快乐呢?"是的，怀王终于找回了作为国君的一项权力，更找回了他作为国君的尊严。

由此，怀王更加信任和器重屈原。政务繁忙时，他便隔几天召屈原谈话，而闲暇时则日日召屈原促膝谈心。对于太子等王族子弟，他更是完全放心地交给屈原教导，他甚至还许给屈原批评指责太子的特权，而且再也不似从前那样临时突击检查太子的功课了。

古人云：近朱者赤近墨者黑。现在的楚怀王，就在经历着这种变化。那么，整个楚国会不会因为屈原的努力，怀王的转变而发生大的变化呢？这是怀王偶尔静下心来会思考的问题，更是屈原一直在尽心实现的愿望……

第五节 立法的准备工作

转眼间，屈原到京城已快有一年的时间了。这近一年的时间中，屈原每日都过得相当充实。他白天忙完楚王委派的事务，夜里就认真抄阅在京所获之珍贵藏书。他每时每刻都不忘来京的初衷，总是利用一切时机说服楚王实施变法。屈原的苦心没有白费，先是得到楚王的信任，后又帮助楚王建立起治国强兵的信心，如今怀王也开始主动向他问及变法改革的内容了。

经过与屈原的长期相处，怀王对他的印象越来越好了，总是毫不避讳地在众人面前夸赞他博闻强识，娴于辞令，颇有治国才能。怀王还打算封屈原一个官职，让其与众大臣一起参与商议朝廷政事。经过深思熟虑，怀王最终决定任命屈原为“左登徒”，即“左徒”。此官职位列三公，地位仅低于“令尹”。这样屈原便可以真正为怀王分忧解难，出谋划策了。

当了左徒之后，屈原与怀王又进行了一次深夜长谈。此次长谈主要是围绕着变法改革展开的，其中讲到了具体的变法细则。怀王对屈原说：“寡人今欲重用爱卿实施改革，欲使楚国国富民强，早日称雄七国，实现统一天下的大业。我希望爱卿可以尽快拟写出变法改革的具体事项，以便早日实施。”

屈原回去之后，便立即投入到变法改革的准备工作中了，查阅历史典籍，摘录可供参考的资料，拟定各项法律条文，忙得不可开交。这是一项浩大的工程，不是一朝一夕便可完成的，光是查阅资料他就在宫中的守藏室，也就是图书馆待了一个多月。后来，征得楚王同意，他又跑到别国去找寻资料，几乎将天下写有治国之道的藏书都翻了个遍。他还仔细研究了前人变法的经验，如魏国李悝、楚国吴起、秦国商鞅等的变法细则，然后从中找出可以利用的，筛除那些有害的。

在研究李悝变法改革的经验时，屈原发现有一条非常值得推崇，即李悝主张的“夺淫民之禄以来（徕）四方之士”，意思是父亲有功儿子不能跟着食禄，否则就是无功受禄，而那些出则大摆阔气，锦衣华服，篷车骏马，入则奢侈淫逸，山珍海味，丝竹配乐的王公子弟，就是乱了地方上的礼法。这些都是立法所不容的，必须割除。李悝还主张实行“平籴法”，即：在丰收之年，国家平价收购多余粮食，在歉收之年或者灾年，再将粮食低价卖给百姓。这样一来，就避免不法商贩在灾荒之年哄抬物价，减轻了百姓负担，也保障了国家稳定。

屈原还发现，李悝非常重视防止和惩办盗贼，认为这是国家政事中的重中之重。因为只有保证百姓的人身财产安全，百姓才能安居乐业，为国家富强出力。因而，他创立了《盗法》和《贼法》、《囚法》、《捕法》等，以震慑和惩治不法之徒。屈原认为这个方法，非常值得现在的楚国借鉴。因为秦国匪兵经常滋扰楚国百姓，弄得百姓胆战心惊，一见秦兵便主动拿出财物避祸，那些本国的宵小之徒见状便也趁火打劫，从而给百姓造成更大的损害。因而，屈原将严厉惩治盗贼写入立法，必定能遏制不正之风，以还楚民以安定。

接着，屈原又参看了吴起变法的内容。吴起原本也曾在魏国供职，也推行过李悝变法。另外，他还主张“贤者居上，不肖者居下”，即任人唯贤。后来因受魏国谗臣王错的陷害，吴起便从魏国投奔到了楚国。到了楚国之后，吴起发现当时的楚国并不像自己想象的那样国富民强。楚国旧贵族势力强大，常常逼迫国君满足他们个人的利益，他们专横跋扈，欺压百姓，将整个楚国搞得乌烟瘴气。彼时，年轻的楚悼王刚刚即位，他对楚国的现状非常不满，便欲效仿周围那些由弱变强的国家实施变法改革。于是他便重新重用曾实施过变法改革的吴起，任命他为令尹，进行大刀阔斧的改革。改革时，吴起认真分析了楚国的现状，决定从以下方面着手改革，即：提倡法治，主张以法治国；加强中央集权，废除分封制；打击奴隶主贵族等。吴起还重新改革了国家机关，并在安置官员时坚决执行“任人唯贤”的方针。经过这一系列改革，楚国国力大增，在内再无贵族敢放肆，在外也无别国欺凌。

看了这些，屈原心中已对变法有了大致的方向。然后，他又研究了一下商鞅变法的得失。他发现，商鞅比起李悝和吴起改革得更加彻底和全面。内容涉及组织民户，重编户籍；奖励军功，惩治私斗；发展生产，奖励耕织，等等，新法立行十年，秦国国力迅速提升，百姓安居乐业，官员政治清明，一度成为别国效仿改革的榜样。而商鞅的第二次变法，更是在此基础上巩固了统治，稳定了之前改革的成果。

当然，除了学习和总结这些前人的经验，屈原还认真研究了周朝的礼法，还有楚国以往的立法典籍，以便制定改革变法条文时能够有所依据，让那些王公大臣及平民百姓心悦诚服。

一切准备就绪之后，屈原便开始着手拟定各种新法条文。因为有前人的经验做基础，再加上自己一年多来的实地考察，屈原对楚国的社会现实了如指掌，因而在拟定立法时，屈原胸有成竹。但在写每一条立法前他还是斟酌再三，因为他想让每一条新法都完美，没有任何让人可挑剔的地方。

在拟定立法的这段时间里，屈原几乎与世隔绝，他就好像一个正在写作惊世篇章的诗人，好像一个正在创作美妙乐曲的乐手，好像一个正在铸造绝世宝剑的匠人，放空了心中所有的杂念，只专心致志地做好眼前这一件事。

这样勤奋专注的屈原，怀王是不忍心打扰的，他虽然关心立法的进度，但是却给了屈原极大的空间。他派人给屈原送来最好的衣食，派最得力的内侍照顾屈原的起居，还嘱咐内侍一旦屈原说立法条文拟定完毕，便让其立刻来报。

第六节 法令出朝野震动

经过几个月来不眠不休的努力，新法令终于新鲜出炉。怀王看着面前这份屈原多日来努力的成果，高兴得简直像个孩子。他拿着这份新法令在书房研读了一夜，不时拍案叫绝，对楚国未来的发展越发信心满满。

第二天，怀王召屈原一人单独见面。他拉着屈原的手，激动万分地说道：“爱卿，辛苦你了。寡人已认真读过这份新法，它是寡人从未接触过的内容。这其中的每一条都针砭时弊，写得恰到好处。往后，我们楚国的兴衰就要靠这份新法了。”

因为连日忙碌，屈原清瘦不少，脸上略显憔悴，但他的精神依旧饱满，因而声音洪亮地说道：“谢大王体恤，为楚国出谋划策，是我的分内之事，只希望我这些日子的努力没有白费，新法可以尽快推行。”

当怀王满怀信心地将这份草案拿给文武百官看的时候，他们的反应如惊天炸雷一样，一片哗然。其中，有人与怀王和屈原一样对这份草案充满期望，希望它能改变楚国乌烟瘴气的现状；而有些人，则当即暴跳如雷，破口大骂，说屈原这是在逆祖宗之法，拿国家大事开玩笑，简直无法无天。

怀王与屈原早就预料到会有这样一种局面，在楚国当前的现状中，推行新法进行改革，一定不会是一帆风顺的，总会受到一些利益被损害之人的阻挠。因而，他们便商量在朝中进行一次公开辩论，力争统一思想，使百官都能心甘情愿地为变法改革出力。

在辩论之前，怀王慷慨激昂地说道："自我们的祖辈建立国家起，历代君王都尊祖宗之法，循规蹈矩地领导万民发展生产，努力过活。但是没有一位君王能像楚庄王那样，打破陈规，称霸六国。我们是高阳后裔，以火神祝融为元祖，有着高贵的血统和引以为傲的光辉历史，所以我们不应该因循苟且，不思进取。如今七雄并起，各国君王都在打我们楚国的主意，尤其是强秦一直虎视眈眈地盯着我们，近年来还不断到楚国境内滋扰生事，弄得百姓苦不堪言。作为国家的最高统治者，作为百姓的衣食父母，难道我们不应该做些什么吗？所以，寡人决定重振朝纲，推行新法，进行改革。寡人希望你们每个人都能将楚国的兴衰当作是关切个人生死荣辱的大事，能够真心支持新法，并替寡人将其顺利推行。"

大家听完怀王这番慷慨激昂的陈词，不管有没有被触动，都听出了一个重要信息，那就是君王已经铁了心要进行变法改革，他希望众位大臣能够和他上下一心，共同来迈出这个重大跨越。尽管如此，还是有许多因循守旧的老臣站出来唱反调。他们有的说："大王，变法关乎江山社稷，不可儿戏，一定要三思而后行啊。"有的则说："大王想要励精图治是好事，但是并非一定要通过变法才行，我们这么多文武大臣难道还不能帮助大王实现楚国安定和谐吗？统一七国其实也没什么必要，现在我们七国各司其职不是很好嘛。"这些反对者，你一言我一语，把变法改革要么说得一无是处，要么说得如洪水猛兽，听得怀王烦躁不已。

而屈原，听了这些反对变法的无稽之谈，心中更是充满气愤，因而忍不住予以回击："此言差矣，如果没有第一个打破陈规的人，那么世界上就没有一个统一的部落，人类也只能依靠摘野果、猎杀野兽来生存，而我们楚国也将国之不国，永远是那个蜷缩在山野中的小村落。纵观历史，凡是那些大胆革新，勇于开拓进取的领袖都能成就一番伟业，而那些只会抱着祖宗基业贪图享乐，不思进取的国家，只会如桀纣般迟早亡国！"

听到屈原这番话，那些自命国之栋梁的腐朽老臣们十分震惊，纷纷谴责屈原大逆不道，年纪轻轻竟然敢蛊惑君王，在朝堂上卖弄学识，将屈原批评得体无完肤。屈原见状并不急于辩驳，只是泰然自若地站在那里等那些老臣尽情发泄。可是，楚怀王却看不下去了，他冲殿下大手一挥，厉声喝道："够了！我召你们来是商讨变法的，不是让你们来声讨屈原的。你们都是我的臣子，为什么不能像屈原这样为我分忧解难，急寡人之所急呢？你们不必说了，寡人心意已决，变法改革势在必行！"

话毕，殿下鸦雀无声。怀王见状，怒气消了一半。他知道这群大臣是被自己惯成这样的，这都怪自己一直以来太过优柔寡断，凡事都举棋不定，都是听从这些臣子的意见，才让他们在自己面前肆无忌惮。于是，怀王转换了一下口气，语重心长地说道："各位爱卿，寡人知道你们有些人一时接受不了这次改革，或许不全是担心我们楚国的安危，而是担忧自己的利益受损。寡人想说的是，身正不怕影子斜，只要是于国于百姓有益的事，在大方向上于我们自身也是有益的。"

"的确如此"，屈原见怀王一人应付这些大臣已有些吃力，便接着替怀王说服大家，"我们是大王的臣子，理应为大王分忧。我谏说大王进行变法改革，并不是为了证明自己的才学，为了引起大王的注意而空言变法。我本是一介布衣，有幸得到大王提拔才站在这里，我是不会拿国家的前途开玩笑的。我虽然年纪轻轻，阅历尚浅，可是也深知百姓疾苦，知道当今天下的形势。现在各国纷纷推行新政，想尽一切办法发展本国，你们应该听说过‘楚才晋用’的说法吧？为什么楚国的人才会流失到别国？那是因为别国有更适宜他们成功成材的土壤，而我们楚国却让这本该滋养万物的土壤变得越来越贫瘠，这是那些人才的悲哀，更是楚国的悲哀！”

说到此处，屈原已泣不成声，有许多心有触动的大臣也跟着垂下泪来。屈原擦干眼泪，努力控制好情绪，继续说道：“面对强秦欺凌，民心涣散的现状，难道我们不应该奋起改革吗？”

“说得好！”人群中已经有反对者开始附和了。怀王也被深深触动，不想再将这场无谓的争论进行下去了，于是拍板道：“好了，变法改革这件事就这么定了。从今往后，大家只能上下一心推行变法，谁要是再对此事指指点点，诸多妄言，别怪寡人翻脸无情！”

最终，这件震惊朝野的变法事件在屈原的竭力说服下，在怀王的果断抉择下被接受了。不管日后在执行时有多么艰辛，但总归是开了个好头，楚怀王与屈原心中的大石头终于落地了。

第七节 联六国合力抗秦

新法推行之初，必然会有诸多阻碍。不过，好在怀王与屈原君臣上下同心，遇到问题时一同商议解决，所以新法也如小车上坡缓缓前进。不过，单凭变法改革这一项举措，并不能够完全助楚国实现统一大业，还需借助外力才行。

这些天来，屈原一直在琢磨怎样借助外力的事情。他又开始像之前准备立法时那样废寝忘食，深深地陷入自己的思考中，并且边思考边查阅相关典籍，学习外交事宜。屈原认真分析了当前的天下形势，认为楚国目前最大的竞争对手是秦国，而秦国在其余六国中的名声并不好，总是恃强凌弱。因而，屈原想他可以效仿大纵横家苏秦，也以一人之力促成六国合纵抗秦。这样一来，既可以削弱强秦的力量，又可以拉近与他国的关系，离实现天下统一也会更进一步。屈原将自己的这个想法报告给了楚怀王，怀王一听心中十分高兴，当即便委派侍从跟随他出使齐国。

公元前 319 年，屈原第一次率众出使齐国。他们由徐州向北绕过泰山，很快便到达齐国边境。齐国是东方的诸侯大国，有着悠久的历史，祖上也出过不少明君。如今执政的这位齐宣王，也是一个善于纳谏，知错能改的明君。

齐宣王对屈原的才学早就有所耳闻，如今诸侯间又都在讨论他主持变法改革的事情，所以齐宣王急于见到这位卓尔不凡的人物。这次听说屈原要出使齐国，他高兴得不得了，提前便派人到城外迎接，他自己则率领文武百官在殿外的广场为屈原举行欢迎仪式。之后，他还大宴群臣为屈原接风洗尘，让屈原享受到了贵宾的待遇。

第二日，齐宣王在大殿正式接见了屈原，一同商讨两国合纵的事宜。在交谈中，齐宣王真正领略到了屈原的渊博学识和能言善辩。在齐宣王面前，屈原表现得非常温文尔雅，也十分注重君臣之间的礼节，使得谈话气氛非常融洽。屈原充分展示了自己的才华，他娴于辞令，将他的好口才发挥得淋漓尽致，时而口若悬河，时而戛然而止。

良好的口才，再配上丰富的感情，屈原彻底激起了齐宣王的谈话兴致。屈原在讲天下时势的时候，说到暴秦恃强凌弱、敛财掠地、杀人如麻的暴行时显得义愤填膺，恨不得饮秦王血吃秦王肉，听得齐宣王也紧握拳头。继而，他又点明六国合纵的必要性，就好比是一棵小树在沙漠中抵不过狂风的肆虐，但是几十棵小树组成的一片森林便可防风固沙。然后，他又摆出齐楚两国的优势，以及在合纵之后双方外交上有哪些优惠政策等。齐宣王对屈原描绘的这种六国合纵的前景非常期待，所以便很快与他达成共识，齐楚联盟水到渠成。

之后，屈原又相继游说于燕、韩、赵、魏四国，首先也是认真地为这四国的国君分析了一下当前的天下形势。为打消他们的顾虑，屈原细数各国优势，比如燕国占地两千里，兵甲数十万，马匹六千，车乘六百；韩国占地九百多里，兵甲数十万，兵器在七国中最为先进；赵国占地两千多里，兵甲也有十万，车乘一千，马匹近万，粮草充足；魏国版图虽小，但是却囊括鸿沟（今河南荥阳市）、淮水（今河南、安徽淮水）、颍水（今河南颍水）、沂水（今山东沂水）等交通要地，也算是占了地利之便，而且魏国人多势众，容易扩充军旅，经济也算繁荣昌盛。这些优势单独拉出来可能并不能对秦国造成什么威胁，但是它们合在一起就是一股很大的力量。

各国君王听完屈原的慷慨陈词，看到屈原表现出来的情真意切，都被深深触动，于是便欣然接受合纵的提议。其实，合纵联盟之所以会成功，归结起来还是各国长期对强秦有所不满。屈原带来的这个合纵提议，刚好将他们的这个不满调动起来，联盟便顺理成章，水到渠成。

公元前 318 年，齐、魏、韩、赵、燕五国国君应楚怀王之邀，齐聚楚国郢都参加会盟。因为楚怀王是此次会盟的发起人，所以五国便推举怀王为联盟领袖，主持会盟。

会盟在一种庄严气氛中展开了，各国国君都听从怀王指示。首先登上高高的盟坛，然后静静站立等待怀王讲话。怀王显得有些激动，说话的时候声音竟然有些颤抖，屈原知道这是因为他太开心了，因为他从未想过自己有朝一日会成为六国的盟主，这都是屈原的功劳。

大家发现，怀王虽然声音颤抖，但是思维却相当敏捷，他说道："我六国乃山东之大国，幅员辽阔，人口众多，可谓实力雄厚。那暴秦以弹丸之地发家，不断侵吞我六国疆土，弄得百姓流离失所，苦不堪言。之前，我们从大局出发，为保百姓平安，不得已对其割地求和，但是暴秦的贪欲如无底之渊，始终不能填平。长此以往，六国亡国灭种的危机将一触即发。今日，寡人诚心邀请各位君王来郢都相聚，为的是结为兄弟，相互扶持，以抵抗暴秦的欺凌。"

说到这里，怀王特意稍作停顿，然后神情庄严地指天起誓道："神明在上，我六国今结下兄弟之盟，愿互帮互助，相互扶持，日后秦攻一国，其他五国定出兵援助。若有违此盟约者，五国共诛之！”听完怀王的这番话，五国国君情绪高昂，心情振奋。接着，在屈原的主持下，六国国君歃血为盟，共同祭拜祖先和天地诸神。然后，楚国将盟约分发给各国国君，并设宴款待各国谋臣策士，以尽地主之谊。

从此之后，六国便联合起来，同心协力，以战止战，戮力抗秦，使秦国嚣张气焰有所收敛。在这个盟约的作用下，各国百姓也不再担心遭受秦兵迫害，开始安居乐业，发展生产，一时间各国经济有了极大发展。

第五章

乘龙兮高驰：《九歌》出世，屈子拥才名

屈原创新和改写楚国的祭祀诗歌，令多年的诗歌积累终于有了用武之地。这一系列的祭祀诗歌组成了诗集《九歌》，其中既有祭祀神鬼的诗篇，又有歌颂阵亡将士，表达人神爱恋以及人生的悲欢离合的内容。《九歌》一出，屈原立即名声大噪，声誉之高远远超越其政治影响。

第一节 千古祭文之绝唱

屈原是一个爱读书，喜欢寄情山水赋诗写作的人，哪怕是在变法的繁忙时期，也不曾将诗歌丢弃。而楚怀王又深知屈原的才华，不仅有治国的才能，还有赋诗的文采，因而对屈原闲暇时偶尔做些诗歌，也是很支持的。

自进京以来，屈原零零散散作过许多诗歌，这段时间他正忙于写作有关祭祀的诗歌，他给这个诗歌集取名叫《九歌》。其实“九歌”这个名字自古便有，是传说中的一种远古歌曲的名字，被屈原拿来做了诗集的名称。当然，《九歌》并不是屈原凭空想象、毫无根据的，而是屈原深入民间，根据民间的众多祭神乐歌改作和加工而成。一共有十一篇，包括：《东皇太一》、《云中君》、《湘君》、《湘夫人》、《大司命》、《少司命》、《东君》、《河伯》、《山鬼》、《国殇》、《礼魂》。

《九歌》可以说是屈原诗歌创作的最高成就，它包罗万象，题材十分广泛，囊括了各式各样的内容，其中有对楚国宗祖的功德和英雄业绩的歌颂，有对山川神祇和自然风物的赞美，有对神话故事和历史传说的演绎，还有对自己理想和抱负的重申，可以称得上是千古祭文之绝调……在这些诗中，屈原时而表现得忧伤难抑，时而表现得欣喜若狂，时而映射现实，时而又神游太虚。有时，下人见了他作诗时的这般模样，便会不由得对他肃然起敬，称他是个“诗痴”。

闲暇时，屈原很喜欢到楚国的一些小村落，看看各地的风俗，搜集各地的民歌资料。这是屈原从小养成的习惯，以至于到了郢都，再繁忙也要抽出时间做这些。屈原很喜欢观看一些祭祀活动，因为祭祀活动非常热闹，热闹的场面必然载歌载舞，也必然能让他在探寻出一个故事的同时，想象出另一个故事。然后，他再将所想的故事，以诗歌的形式表达出来。因为是在祭祀时所获得的灵感，所以诗歌也必然带有一些祭文的意味。

有时候，屈原一个人深入名山大川，也会突然有感而发，作出一些以山中精灵、鬼神、神兽为主角的诗歌。他虽不曾见过这些主角，但是却把他们人性化，写成人们可以在现实中找出参照的故事。屈原之所以这么写，是因为在楚国南郢之邑，沅、湘之间，民众有迷信鬼神的风俗。而且还常常做些祭祀，祭祀时则必作诗歌、演歌舞，以悦诸神。

不过，屈原读那些祭祀的诗歌时，总觉得太过于死板，虽然文风优美，但是没什么新意。所以，屈原自己在写祭祀诗歌时便改变了以往的形式。在《九歌》中，他常常使用男巫女巫相互唱和的形式，使人听起来就好像是在听故事一样。而且，屈原还改变了以往祭文中那些死板的记事形式，而是将那些神鬼传说搬到实实在在的人身上。即让那些男女神巫，在宗教仪式、人神关系的纱幕下，演绎着人世间男女的悲欢离合。

对这些男女故事，屈原设想了许多情节，有些情节甚至就是他身边的朋友、家仆或者自己的故事，因而情节可谓千姿百态，栩栩如生：有是写求神不至的思慕之情；有的写待神不来的猜疑之情；有的写为与神相会的欢快之情；还有的写为与神相别的悲痛与哀思。在诗歌意境上，这些诗歌均颇有独到之处。

不过，男女之情只是《九歌》中的一小部分内容，作为祭文，它还是有其特定的祭拜对象的。如《东皇太一》祭拜的是当时屈原心中的天帝，他写得相当肃穆；还有《少司命》，它的灵感来源则是得益于屈原早年香溪游历的经历，主要是为赞美孩童守护神所作；而《国殇》则是一首悼念阵亡将士的祭歌，也是一支发扬蹈厉、鼓舞士气的战歌，更是一首血泪交织的爱国主义、英雄主义的赞歌。这些诗歌，有些是屈原有感而发所作，有的则是他改编于自己所摘录的那些民歌，还有些就是据其早年游历时的所见所闻而后期回想所作。

屈原写作《九歌》期间，就好像置身于一项浩大的工程，十分专注，万分投入，比拟写变法改革的条文还要谨慎入微。屈原所作的这些诗歌，偶尔被家仆传入民间，不几日便会家喻户晓，成为当地祭祀时所用的诗歌。每当这时，屈原就会假装嗔怒地责备家仆大意，可是他的心里却是高兴的。毕竟自己新作的诗歌能够替代那些被传唱已久的民歌，证明了他所作的诗歌确实不错。更可喜的是，这些祭文还深受怀王与众大臣的喜爱，常常被拿来在朝堂上品读分享。

有了这别具一格的祭祀诗歌，怀王和朝中贵族大臣们自然在祭祀时，也都以采用屈原所作的诗歌为傲。于是乎，在众大臣的强烈要求下，怀王决定命屈原为楚国的祭祀写祭歌。怀王对屈原讲道："屈原啊，寡人知道你博览群书，见多识广，且口才了得，虽然也读过你年少时所作的那篇表心迹的《橘颂》，可是却不知道你写起祭歌来竟如此文采斐然，更重要的是，你还不拘一格，独创了一些新的祭歌形式，真是令寡人敬佩不已啊……"

听怀王如此夸赞自己，屈原倒有些不好意思了，他谦虚地说道："大王谬赞了，写诗歌不过是臣的一个业余爱好，臣知道变法改革是楚国当前的重中之重，臣一定将两者兼顾好，不辜负大王的厚爱。”

怀王笑着说道：“爱卿不要误会，寡人是希望你将变法改革主持好，但是也非常赞成你多多赋诗写作，况且为楚国祭祀作祭歌，也是在为楚国做贡献。所以寡人就把为楚国做祭歌的事情交给你了，你看怎么样?”

屈原一听，自是对怀王感激不已，因而也更加卖力地到各地搜集祭祀诗歌，采集民间故事，以汲取新鲜题材。然后，他再将这些努力得来的资料进行汇总，通过发挥自己的想象，写出美妙的祭祀诗歌。如此寒来暑去，终于集成了拥有十一篇之多的诗歌集，因其与帝启时的《九招》相似，屈原遂将它定名为《九歌》。

因屈原为楚国写祭祀诗歌是怀王批准的，所以民间那些祭祀活动自然也很支持他作的祭歌。慢慢地，这些祭祀诗歌逐渐由原来的一小部分人喜爱并在祭祀活动期间采用，发展到了几乎每个地方的祭祀活动都能接受的程度。而屈原也因此名声大噪，一时间他的风头比最初实施改革时还要强劲。

第二节 娱神祈福作祭歌

屈原喜欢游历名山大川，喜欢参加民俗活动，是坊间家喻户晓的。因而，他每到一地，便会有钦佩他的乡民出现为他讲解此地风情，并领着他参加当地最富特色的民俗活动。

这日，屈原随性乘舟来到了常德枉山（今常德德山）的钓鱼台附近，刚一上岸便被岸上的渔民认出来了，渔民惊喜地对周围的人喊道：“屈大人，屈大人，是屈大人来了……”大家一听是主持变法改革为民请命的清官屈原大人来了，都连忙放下手中的活计，围拢了上来。

屈原见此处的百姓对自己如此热情，便主动搭话道：“请问诸位乡邻，这里是什么地方?”

“这里是枉山，因为我们住在这里的人都是枉族人，所以也叫枉人山。”那个最先认出屈原的渔民抢先答道。

屈原听了，点头说道：“哦，原来此地是尧帝时期有名的高德之人善卷先生居住过的地方啊，我早就想要来瞻仰先人故地，今日竟凑巧来到了这里，真是天意啊！”

渔民见屈原对此地感兴趣，便紧接着说道：“大人既然喜欢此处，不如我带您到处走走，而且我们每年一度的神会马上就要举行了，您可以多留几日，感受一下我们这儿神会的与众不同。”听说有神会可看，屈原便欣然接受了渔民的邀请。

在此地游览时，屈原发现这里不仅山灵水秀，民风更是淳朴非常，颇有善卷先生遗风。每到一处，百姓都热情地拿出自己的土特产请他品尝，而且都表现得彬彬有礼，完全没有其他偏僻山村的荒蛮之气。

迎神会这天，屈原满心期待地随着百姓前往东皇太一庙，去观阅当地百姓口中难得一遇的盛会。一路上，屈原见男男女女都打扮得喜气洋洋，或穿红挂绿，或盛装盛容，十分热闹。走进露天的会场后，屈原见空地上搭有祭台，还有一群化着妆的人站在台上。村民告诉屈原，这是准备演出的演员，他们演出的第一幕是《东皇太一》。

这《东皇太一》中，以男巫和女巫两人为主角。男巫扮演的是东皇太一，他身材高大魁梧，坐在祭坛上面显得非常庄重，很有天帝的风度。不过，他的穿着则显得非常原始，身披红色薄纱，腰系五色短裙，看起来好像刚从神秘的森林中走出来一般。再看那个女巫，她几乎半裸着身体，手里拿着色彩艳丽的野鸡毛，在音乐的伴奏下翩然起舞，她边唱着歌边围绕着东皇太一跳舞，只见她一会儿拜一会儿笑，一会儿又妩媚十足地挑逗太一。而太一在女巫的挑逗下，则显得眉飞色舞，十分愉悦。

看到这里，台下掌声一片，村民们受到气氛的感染也跟着舞动了起来。大家手牵手，跺着脚，唱着整齐的祭歌，脸上都洋溢着快乐的微笑。坐在祭台旁边的屈原，看着这台上台下的热闹场面，心情也跟着愉悦起来了，对这种又唱又跳的仪式也生出了极大的兴趣。他觉得这迎神会中的舞蹈、歌词等从总体上来说非常好，但是也有不足的地方，比如说有些歌词太过粗俗，让人听起来很别扭；有些舞蹈动作也太过轻佻，很不适合小孩子观看。

看到这里，屈原忽然萌生出想要改编和加工祭歌的念头。他想在祭歌中加一些雅致的内容，而且还要通俗易懂，最好能用身边看得见摸得着的事物打比方。在这样的思路下，屈原连日来搜集了许多关于东皇太一的资料。之后他又结合自己对帝王的见闻，以及对神圣神祇的理解，写下了《九歌》集中的开篇第一章《东皇太一》：

吉日兮辰良，穆将愉兮上皇；
抚长剑兮玉珥，璆锵鸣兮琳琅；

瑶席兮玉瑱，盍将把兮琼芳；
蕙肴蒸兮兰藉，奠桂酒兮椒浆；
扬枹兮拊鼓，疏缓节兮安歌；
陈竽瑟兮浩倡；

灵偃蹇兮姣服，芳菲菲兮满堂；
五音兮繁会，君欣欣兮乐康。

屈原在这首诗中，没有具体描写东皇太一的形象，只是描写了祭神的盛大场面：人们身着盛装，手中拿着宝剑，身上佩着美玉，在祭坛周围摆满鲜花，然后一起欢快歌唱……这样的描写，既给人留下想象的空间，又很好地表现了人们对天神的虔诚与尊敬。

《东皇太一》在屈原所写的众多诗歌中，有着特殊的意义。这是他写的第一篇娱神祈福的祭歌，在写作的准备阶段，可以说是他第一次认真研究有关“天神”的内容。在深入了解下，屈原确定这个东皇太一其实就是春神，因为这个迎神会是在春天的一个吉日举行的，而且“太一”就是起始与开端的意思。因而屈原在写作的时候，非常注意对春所蕴含之意义的描写。或许他是这么想的：“是东皇太一让万物复苏，生命得到延续，一切都显得生机盎然，所以人们对他的到来肯定表现得会非常热烈，我若是把热烈的场面描写出来，人们自然也就理解迎神会的目的了，那么这篇祭歌的精髓也就全部呈现出来了。”

所以，屈原在写《东皇太一》的时候，将写作顺序把握得很好。他首先交代了祭祀的时间，祭祀春神时间肯定就在春季了，同时让人知道了祭祀的主题。然后他又写了人们为祭祀而忙碌准备的场面，如摆祭品，放上瑶席，玉瑱等。然后是春神到来时的样子，容颜美，舞姿美，带来的春的气氛更美。最后便是人们在钟鼓齐奏、笙箫齐鸣中尽情歌舞，忘乎所以，既欢快又庄重，将快乐的气氛推向了高潮。

屈原新作的《东皇太一》，辞藻艳丽，内容完整，就好像是在听一个有趣的故事。比起那些只会用没完没了的恭维之词赞美天神，更让人觉得真实动听。当屈原第一次将这首祭祀诗歌念给人们听的时候，人们便被其中描述的情景迷住了，仿佛他们自己已身临其境一般。

见自己创作改编的新祭歌如此受人喜爱，屈原内心也十分欣慰。同时，他也找到了一种新的抒写形式，为以后创作其他祭歌奠定了基础。

第三节

真诚礼赞云中君

云中君，就是云神丰隆，又名屏翳。屈原第一次看祭祀云中君的活动，也是在常德枉山（今常德德山）的时候。当时男巫女巫演完《东皇太一》后，接着《云中君》便上演了。屈原看得很认真，听得也很认真，那粗犷的音乐，洒脱的舞姿，美妙的歌词，屈原很快便陶醉其中了……

如果说，《东皇太一》让屈原有了加以改进的想法，那么《云中君》则让屈原有了重新创作的灵感。多年来，屈原一直置身民间，看惯了百姓疾苦，一直梦想着通过自己的努力改革改变楚国的现状，所以他的精神总是紧绷着。可是在看了《云中君》后，屈原的心情释然了，他感受到了云神的洒脱以及一切尽在掌握之中的从容。他想要写出一首更好的祭歌，来抒发他内心深处的感情，想要更好更全面地表达自己对云神的崇敬。

于是，在迎神会的送神曲《礼魂》结束之后，他便找到连日来一直为自己做向导的渔民大哥，细细打听有关云中君的事迹。

屈原问渔夫：“云中君在你的心中代表着什么？”渔夫回答说：“云中君

啊，他是自由、权利和快乐的象征。他无忧无虑，想要什么就有什么，他保护着敬他爱他的子民，他宽容大度，举止不凡，一定是天神中最俊美的那一个！而且，云神是雨神，只有风调雨顺了，百姓才会在来年有粮食收，有饭吃。所以，我们期盼着云神的眷顾，期盼着他给我们带来风调雨顺。”

听完渔夫的话，屈原会心一笑，原来云中君在乡民心中的形象，与自己心中的想法完全不谋而合。对于云中君这样的高大形象，屈原是非常渴望与之交流接触的。于是，在酝酿创作的时候，屈原除采用《东皇太一》那般的贴切叙事的写法，还决定在诗歌中采用对话的形式。于是，对话便在云中君与主祭的男巫之间展开了：

浴兰汤兮沐芳，华采衣兮若英。
灵连蜷兮既留，烂昭昭兮未央。

謇将憺兮寿宫，与日月兮齐光；
龙驾兮帝服，聊翱游兮周章；

灵皇皇兮既降，猋远举兮云中；
览冀洲兮有余，横四海兮焉穷；
思夫君兮太息，极劳心兮忡忡。

这首诗歌采用对话的形式，虽然十分精短，但丝毫不会影响情感的表达。全诗通过主祭与云中君的对话，可以使人非常清晰地感受到人们对云中君的颂扬和思慕之情。而且全诗辞藻华丽而优美，显示出了屈原极高的文学才华。这种对话的形式，后来也被屈原运用在了《东君》、《大司命》、《少司命》的创作中。

从韵律上看，屈原写《云中君》时将内容分为了两部分，每一部分都由对唱组成。开头四句先写主祭女巫开唱，说自己用兰花泡澡沐浴了身子，然后穿着花团锦簇的衣服来迎接云神。接下来她翩翩起舞，引得云神驻足观看，云神身上还隐约泛着神光。这不仅描述了祭祀时的场面，还表现出了人们对祭祀云中君的虔诚。

接下来的四句，则是屈原想象着云中君面对如此虔诚的人们所说的话。在这段唱词中，屈原用简单的描述，表现了云中君特殊的身份，即“与日月兮齐光”，还有他出行人间时“龙驾兮帝服”的尊贵和排场。而“聊翱游兮周章”则表现云中君不愿辜负百姓对他的尊敬和爱戴，不辞辛劳地要来体察下民情。

之后，又是主祭的唱词，“灵皇皇兮既降，猋远举兮云中”说的是祭祀结束之后云中君离去的场景：如狂飙一般冲天而去。从中可以看出云中君的威武不凡与神之霸气；“览冀洲兮有余，横四海兮焉穷”则是云中君飞天之后向下望到的景象，表现了云中君拥有泽被四海的神通；最后两句，表现的是主祭巫师在云中君离开之后惆怅和满怀希冀的心情。

人们祭祀云中君，就是为了求雨，希望云中君能听见大家的祈求，从而保佑来年风调雨顺，五谷丰登。因而，屈原正是根据百姓们的这种心理，在最后一句便将人们怅然若失的心情写了下来，进一步表达人们对云中君能满足大家心愿的期盼之情。

虽然《云中君》只有短短的几句唱词，却让屈原煞费苦心。他在书写对话时，字斟句酌，全神贯注，力图以最简单形象的语言表达出人们对云中君的崇敬和依赖之情。是的，他做到了，当人们歌唱这首赞歌时，都深深地被其中流露出的真诚所打动，人们感谢屈原写出了他们的心声。

创作出这首诗歌后，屈原忽然有一种超然世外的感觉，仿佛他的灵魂已随云中君飞上九天，受到了天际间最圣洁的风雨的洗礼。当他拿着这首作好的赞歌给乡民们朗诵的时候，人们毫不掩饰地表露出了对屈原所作这首《云中君》的喜爱。

乡民们好奇地询问屈原："屈原大人，您是怎样写出如此情真意切的赞歌啊，莫不是云中君托梦于你了？"

屈原望着天空中飘荡着的白云，静静地回答说："或许吧，写这首《云中君》的时候，我仿佛仙灵附体，依稀看到了云中君的模样，看着他骑着神兽从天而降，听着他那摄人心魄的天籁之音，我的灵魂跟着他穿梭在形状各异，或稀薄或厚实的云层里……当他离去时，我的心情竟如因久旱而求雨不成的农夫一般怅然若失。"

当人们听完屈原这番犹如自言自语的话之后，都啧啧称奇，纷纷说道："屈原大人灵魂高洁，竟能与云神对话，真是楚国之福，百姓之福。"屈原不管人们说什么，他只知道自己心中对云中君是充满真挚的崇敬之情的，他希望人们通过吟唱他的这首诗歌也能拥有同样的心情。

第四节 爱国主义之赞歌

屈原是一个伟大的爱国诗人，所以在他所作的那些祭歌中，自然也少不了歌颂爱国情怀的赞歌，《国殇》就是其中一个。所谓“国殇”，就是指悼念那些为国牺牲的将士。在屈原看来，为国牺牲的英勇将士同天神、地祇一样，值得人们尊重和膜拜，值得人们去纪念去歌颂。

屈原入朝为官之前，就曾目睹楚国士兵为保卫百姓而浴血奋战。屈原很钦佩这些战士，很以他们为荣，尤其是那些牺牲者，更是让屈原赞叹不已。当然，这赞叹中还带着些许悲哀与同情。如今他已入朝为官，对朝中战事了解得越多，对士兵的伤亡和牺牲也就更加痛心疾首。所以，他就一直寻思着为这些楚国英魂写作几首祭歌以表敬意。于是，《国殇》便在此种情况下应运而生。

屈原在写《国殇》的时候，一直犹豫不决要采用哪种写作形式才能充分表现诗文的中心思想。于是他苦思冥想，认真品读以往那些哀悼阵亡战士的诗歌。最后，他终于确定采用讲故事的叙事形式来描写。然后便是酝酿思路，思路定，全诗便一气呵成，毫不拖沓，让人读起来胸腔中热血沸腾。《国殇》全诗内容如下：

操吴戈兮被犀甲，车错毂兮短兵接。
旌蔽日兮敌若云，矢交坠兮士争先。
凌余阵兮躐余行，左骖殪兮右刃伤。
霾两轮兮絷四马，援玉枹兮击鸣鼓。
天时怼兮威灵怒，严杀尽兮弃原野。

出不入兮往不反，平原忽兮路超远。
带长剑兮挟秦弓，首身离兮心不惩。
诚既勇兮又以武，终刚强兮不可凌。
身既死兮神以灵，魂魄毅兮为鬼雄。

从整个诗篇来看，屈原将其分为了两个部分。第一部分主要是叙写士兵们同敌人浴血奋战以及壮烈牺牲的整个过程。首句便直接点题，“操吴戈兮被犀甲”，叙写战士们拿着吴国制造的最锋利的兵器，身披铠甲，雄赳赳气昂昂地准备迎战。然后紧接着便写起了战争的场面，“车错毂兮短兵接”，“旌蔽日兮敌若云，矢交坠兮士争先”，写的均是初战时的场景，意思是说战争开始了，敌人兵力众多，旌旗遮天蔽日，是我军兵力的数倍之多，他们如黑云压境一般朝我方奔涌而来。屈原是想要用敌我力量悬殊来衬托楚国将士的英勇无畏。同时，也用“昏天暗地”的场面描写给全诗增添了悲壮的色彩。

接着，屈原便写起了两军兵戎相见的场面：尽管敌人来势汹汹，楚国将士仍然身先士卒，冒着毫无间歇的箭雨奋勇迎敌，与敌人展开了一场短兵相接的搏斗。在写这些的时候，屈原仿佛听见了两军战车相撞的沉闷声音，还有兵戈相击的刺耳声，以及战士们歇斯底里的呐喊声。

写到这里，屈原的心都提到嗓子眼了。因为眼看着敌我力量悬殊，战士们渐渐开始体力不支了。然后，屈原想象着士兵们都是保家卫国的好男儿，怎会轻易投敌认输。于是，他便描写了战士们与敌人展开最后的殊死搏斗，直至英勇牺牲的场面：军队的布阵被打乱了，士兵们散乱地坚守着，战马也奄奄一息地倒在了满是鲜血的土地上。可是，尽管如此，战士们也丝毫没有退缩的意思。他们把残存战车的轮子埋入土中，再把车前的战马绑在一起，用这种最古老的“方马埋轮”的车马战术来表示他们血战到底的决心。

这时，楚军的将领也用尽全力击响了最后的战鼓。在这震天撼地的鼓声的激励下，楚国将士更加英勇无畏，奋力杀敌……但是最后他们还是败在了敌军的强势之下，“严杀尽兮弃原野”——将士们全部牺牲在荒野之中了！但此时“天时怼兮威灵怒”，战场上狂风怒吼，飞沙走石，仿佛天神在为楚国将士的壮烈牺牲而悲怆怒号……

描写完战争的经过及将士们牺牲的过程，屈原又叙写了第二部分，主要来抒发自己对牺牲将士的哀悼与钦佩之情。“出不入兮往不反”等余下诗句，表达了屈原对“严杀尽兮弃原野”的将士们无比沉痛的悼念。这最后一部分，屈原一开腔便描写了满怀信心的楚国将士，踏上征途后便一去不复返的事实：他们被敌军抛尸荒野，但是因为尽力杀敌也算是死得其所，可以安息了。不过，屈原在写这一部分的时候，并没有表现出太多的哀伤之情，而是用“出不入”和“往不反”这两个意义相反的字眼作对比，衬托出了将士们义无反顾的英雄形象，大有“风萧萧兮易水寒，壮士一去兮不复还”的意味。而“带长剑兮挟秦弓，首身离兮心不惩”则形象生动地描写了战死沙场的将士们英勇的战斗雄姿，更渲染了诗歌的悲壮色彩。

《国殇》的最后四句诗，是屈原对楚国阵亡将士们最真诚的颂扬，颂扬他们生前的勇武刚强，颂扬他们死后的凌然英魂。这既是对死者的祭悼，更是对生者的激励。所以说，《国殇》是一首名副其实的祭歌，更是一首感人至深的爱国主义的赞歌。

因为屈原是一个“亦余心之所善兮，虽九死其犹未悔”的爱国志士，所以写出“首身离兮心不惩”、“终刚强兮不可凌”这样惊天地、泣鬼神的诗句全是发自肺腑。况且在当时，楚国正面临着由盛而衰的惨状：君王缺乏信心，朝臣国事懈怠，百姓生活无望……是当时楚国最真切的写照。因此，屈原创作这首爱国主义赞歌，除了悼念为国捐躯的楚国将士外，也想借此鼓舞楚国军民的士气。

屈原在写《国殇》之时，本着不计个人荣辱，一心为国为民的心思，在全诗中极尽所能地表达了对牺牲将士的崇敬与赞扬，所以不似其他悼歌那般呜呜咽咽、凄凄惨惨。因而，可以毫不夸张地说，《国殇》才是千古祭文之绝调的《九歌》中最具代表性的一篇！

第五节 真挚爱恋之诗篇

在深入民间搜集祭歌资料时，屈原听到许多关于湘君和湘夫人的传说。屈原觉得这些传说充满了浪漫主义色彩，很有作为诗歌写作素材的价值，因而便据此创作了《湘君》和《湘夫人》两首祭歌。

在收集素材的时候，屈原发现虽然关于“湘君”与“湘夫人”的身份传说有许多种，但他更相信当地百姓说的那个版本，即湘君就是舜帝，湘夫人就是尧帝之二女娥皇与女英。当时舜帝死在苍梧，被葬在了九嶷山。他的两个妃子，娥皇、女英闻讯后，便赶来奔丧，后来也死在了湘江。天帝感念舜帝对百姓的贡献，便封舜帝为湘水之神，亦称湘君。封他的两个妃子娥皇与女英为湘水女神，也就是湘夫人。

确定采用这个版本为素材后，屈原便开始在湘水区域内探听有关湘君和湘夫人的故事。他听说湘君与湘夫人感情笃深，湘君常在政务闲暇时带着湘夫人在山间漫步，或是在水中嬉戏。而湘夫人更是山间精灵的化身，非常热爱大自然，常常漂泊于山川河谷，足迹遍及湘江流域。由此一来，屈原便发现原来湘君与湘夫人的爱好与自己如此相似，那么写起他们之间的爱恋诗篇便有发挥想象力的空间了。

首先，屈原先写了《湘君》一诗，他在诗中采用第一人称的写法，将主人公定位为女性，也就是湘夫人。那么在祭祀咏唱时，也必然是由祭祀女巫来唱。主要是表达湘夫人因湘君未能如约前来而产生的失望、哀伤、怀疑和埋怨等复杂心情。诗歌开篇先写了湘夫人为了赴会先做了一番精致的打扮，然后高高兴兴地乘着小舟来到了与湘君的约会地点。可是，她到了很久都不见湘君的影子，便心生疑虑地问道："你是不是又被哪个美人给迷住了，所以才迟迟不来?"于是她便在失望之余吹起了哀怨的竹箫，以表达对湘君的无限思念。

接着，屈原又写了湘夫人看湘君久等不来，就驾着轻舟往洞庭湖寻找。可是在一番辛苦寻找后，仍旧不见湘君的踪迹。她又放眼远眺涔阳，企盼能捕捉到湘君的行踪，可又是毫无所获。然而，她仍不甘心，就又横越大江，遍寻沅湘一带的广大水域，结果还是一无所获。这时，她身边的侍女便发出了一声长长的叹息，感叹她如此执着地追寻爱人的踪迹。听了这声叹息，湘夫人强忍着的泪水终于决堤而出，心中忍不住隐隐作痛起来。这一部分写出了湘夫人对湘君的真挚感情和执着如一。

接下来，屈原开始描写湘夫人在失望之余生出了怨恨之情，进而发起牢骚。湘夫人划着小舟漫无目的地在水中游荡，看见周围的景物，忽然觉得自己辛苦地寻找湘君，不过是徒劳罢了。然后便开始埋怨湘君言而无信、感情不专，与自己不同心。恨之深，爱之切，湘夫人这一连串的指责，不过是出于内心对湘君的爱恋，所以才会放肆宣泄心中的不满。

最后一部分，屈原又叙写了湘夫人乘舟回到约会地点，仍不见湘君前来。于是，心中的怒火熊熊燃烧，由之前的言语激愤发展到了如今的行为激愤，将湘君给她的定情信物统统扔掉——玉环投到了江中，佩饰扔在岸边。可以想象，湘夫人这么做是因为对湘君一再失约的恼怒惩罚，心想："你一再失约，不念旧情，我又何苦留着这些没用的信物？不如丢掉，一了百了！"写到此处，屈原的心中也不免惋惜起来。于是，屈原便为诗歌安排了一个给人留下想象的结局：湘夫人渐渐平静下来之后，便去采摘杜若送给宽慰她的侍女，忽然想明白了似的，决定放松身心，继续等待爱人的到来。这个结局，表现了屈原对真挚爱恋的崇尚和推崇，也是其心中向往美好的表现。

写完《湘君》，屈原又接着写了与之遥相呼应的姐妹篇《湘夫人》。《湘夫人》与《湘君》相反，采用的是男巫主唱的形式，来表达晚来赴约的湘君来到约会地北渚之后，没有见到湘夫人时的迷惘与惆怅。全诗主旨就是描写相恋者生死契阔，会合无缘的无奈，但在心生哀怨之余，又点出了彼此对爱情始终不渝的心意。

诗中首句写"帝子降兮北渚"，"帝子"也就是点明湘夫人的身份是尧帝之女，与上文中的湘夫人身份是一致的。诗中写湘君满怀期盼来到约会地点，徘徊在洞庭湖畔不停张望，想要搜寻湘夫人的身影。他一会儿搔首张望，一会儿又眉头紧蹙，可是左等右等就是不见湘夫人的面，他心中便有些焦急。在这一部分中，屈原用了许多诗句来写景，其中"袅袅兮秋风，洞庭波兮木叶下"还成了日后脍炙人口的名句。屈原此时写景，主要是为了渲染气氛，衬托湘君此时困惑、焦急和失望的心情。

在第二部分，屈原又表现了湘君对湘夫人深切的思念之情。湘君望着岸边的香草抒发着对爱人的思念，然后又感慨等待的时光如流水一般逝去，表达他对湘夫人久等不来的失落之情。接着，他又以岸边之境为比喻，表明爱而不见的无奈与忧伤。最后，他再也坐不住了，就开始动身从早到晚一直寻找湘夫人，找着找着他忽然产生了听见湘夫人召唤他的幻觉，而且还幻想着湘夫人与其一同乘马离开。

然后，诗歌的第三部分描写了二人相会的情景，二人置身于美妙的大自然中，耳鬓厮磨，浓情蜜意，浪漫而又温馨。当然，这只是湘君一厢情愿的幻想，事实上，湘君最终也没找到湘夫人。当美好的幻想破灭后，他就又陷入了对湘夫人的深深相思之中，痛苦得无法自拔。

《湘夫人》最后的结尾，与《湘君》如出一辙，均是主人公因爱生恨，将爱人赠送的定情信物丢掉。后来湘君渐渐恢复平静，一如《湘君》中的湘夫人那样耐心等待起来。

如此看来，《湘君》和《湘夫人》其实就是写了两个因约会时间产生误差而使恋人无缘会合的故事。每首诗歌的情节虽然跌宕起伏，使人读起来生出无限怅惘与惋惜，但是如果合起来看，则会发现诗歌的结局其实是美好的，它深刻地表现了男女主人公两情相悦、忠贞不渝的爱情。

在这两首描写真挚爱恋的诗篇中，屈原加入了浪漫主义色彩，将诗文写得缠绵悱恻，余味不绝。看到如此美妙绝伦的诗歌，让那些初读屈原爱恋诗篇的人们眼前一亮，纷纷赞不绝口。从此，屈原文风浪漫的美名便在楚国传开了。

第六节 寓真情于山鬼中

这天，屈原终于从连日来繁忙不已的朝政中抽身出来，打算到山林中寻一静谧之处专心读书，在他看来，读书是人生最惬意的事之一。他手拿书简，一边欣赏沿路的风景，一边信步前行。这一路上，屈原既看到了漫山遍野的兰花，又看到了一些生长得盘根错节的古藤树，还看见许多在山林中追逐的小兽从眼前跳过……屈原这样走着看着，竟一直走到了山林的深处，居然忘记了停下来看书这回事。

这山中的美景简直如世外桃源一般，尤其是山的深处，云雾缭绕，让屈原有如入仙境之感。屈原置身于这如梦似幻的美景中，轻轻地闭上了双眼，用心感受大自然万物的气息，仔细聆听这悦耳的山风、虫鸣和鸟叫。忽然，他的脑海中竟浮现出一个美妙女子的身影。这女子身披薜荔，头戴花环，骑着猎豹，忽然转头对他嫣然一笑……屈原被脑海中的神女惊得睁开了双眼，可是眼前却什么也没有。屈原心想："这女子莫不是山中之鬼，林中之仙，跳出来要给自己一些指示?"这样想着，屈原的心中文思泉涌，口中不自觉地吟唱道：

若有人兮山之阿，被薜荔兮带女萝。
既含睇兮又宜笑，子慕予兮善窈窕。
乘赤豹兮从文狸，辛夷车兮结桂旗。
被石兰兮带杜衡，折芳馨兮遗所思。

余处幽篁兮终不见天，路险难兮独后来。
表独立兮山之上，云容容兮而在下。
杳冥冥兮羌昼晦，东风飘兮神灵雨。
留灵修兮憺忘归，岁既晏兮孰华予？

采三秀兮于山间，石磊磊兮葛蔓蔓。
怨公子兮怅忘归，君思我兮不得闲。
山中人兮芳杜若，饮石泉兮荫松柏。
君思我兮然疑作。
雷填填兮雨冥冥，猿啾啾兮狖夜鸣。
风飒飒兮木萧萧，思公子兮徒离忧。

这首诗，就是屈原后来收录到《九歌》中的一篇佳作——《山鬼》。他在诗中采用人物内心独白的方式，塑造了一位美丽、率真、痴情的少女形象。他写这位美妙的女子，用山中花草将自己装扮一新，到山中去赴情郎的约会，可是到了约会地点，左等右等都不见情郎来。后来，风雨都来了，情郎还是没有来。女子无奈，只能返回家中，独坐叹息。

这女子，便是屈原在山林时脑海中忽然闪现的那位神女。屈原在诗歌中，既描写了女子的与众不同，又赋予其人的性情，这是他在《九歌》这一诗集中惯常采用的写法。

诗歌的第一部分首先从各个方面描绘“山鬼”的美好形象。“被薜荔兮带女萝”，“辛夷车兮结桂旗”，“被石兰兮带杜衡”等，都是描写“山鬼”的美好装扮。既点明了她作为山林之神的朴素自然，又因屈原用了香草衬托她，暗示了她内心善良和纯真的品德。接着，屈原又用“既含睇兮又宜笑，子慕予兮善窈窕”一句来进一步形容山鬼的美好形象。此句是以山鬼的口吻来叙述的，是“山鬼”的自夸，她虽然没有详细描绘自己的外貌之美，但是却拿出了爱人夸赞自己的话，这样更具有说服力。由此，还能看出“山鬼”的俏皮本性，以及赴会时的愉悦心情，即半路上就想到了爱人夸赞自己的话，表达出她此时想要见到爱人的急切心情。

第二部分则是写“山鬼”到了约会地点耐心等待爱人的情景，表现了她温柔与痴情的一面。在这里，屈原将场景设定为天色渐暗，忽然又下起雨来了。可是此时的“山鬼”并未等到她的爱人，所以就不想回家。而一句“岁既晏兮孰华予”更是点出了“山鬼”害怕年华老去的心理，她多么希望爱人能永远守在自己身边，即使有一天自己容颜憔悴，但只要爱人对她的心不变，她便会是幸福快乐的。屈原如此描写“山鬼”，和人世间所有陷入爱情的女孩子一样，无非就是想给这位山间精灵增添几分凡尘色彩，使人感觉她平易可亲。

最后一部分写的是“山鬼”见爱人久等不来，便开始感到失落。最后，时间越等越晚，“山鬼”的希望彻底落空了，她的心中便生出了诸多怨恨。一句“君思我兮然疑作”开始怀疑爱人对她的思念是假的，从而将她的气愤宣泄到了极点。此时，天彻底黑透了，雷声也响起来了，大雨倾盆而下，冷风呼呼地吹过树林，连猿狖也跟着哀鸣起来了……这时，“山鬼”突然感到非常的孤独、寂寞、可怜、无助，于是又发出一句沉重的抱怨声：“思念你只不过是让我徒增忧愁罢了！”表现了她当时的忧伤愤慨之情。

认真阅读这首诗篇，不难看出屈原铺设的清晰的情感脉络。屈原是一个善于借助景物描写来烘托和渲染气氛的诗人，这是他在创作祭歌时探索出来的新写法。作为祭祀山鬼的祭歌，《山鬼》的题材可谓别出心裁。屈原没有从山鬼的事迹、品行等方面着手，因为他了解到山鬼只能在夜间出现，没有神的威仪，所以就幻想出山鬼的恋爱故事来表现她的美好，这怎能不让人读来觉得耳目一新呢？

《山鬼》与《九歌》中所写的其他祭祀神灵的诗歌的最大不同，就是它全篇都是巫扮山鬼的自白。这样更能将其与其他祭祀诗歌区分开来，可谓独树一帜。而且，它与之前的《湘君》、《湘夫人》等不同，它的情节是曲折的，结局更是失落幽怨的，可谓是《九歌》中的悲剧之最。

在这篇祭歌中，屈原投入的感情相对于其他诗歌更多一些。他以丰富的想象，细腻的笔法，华丽的辞藻，曲折婉转地呈现了山鬼的恋爱心态，感情真挚，哀婉动人。屈原如此身心投入，不禁让人联想到他对其笔下的女鬼必定饱含着真情。

事实上，山鬼的经历也正是屈原此时经历的写照：他正在满心期待地主持变法，道路是曲折的，周遭环境也是险恶的，他不知道还会有怎样的暴风骤雨在等待着他，他也不知道自已主持的变法改革会不会在经历风雨之后也如山鬼的恋情一般无疾而终。因而，他只能将满心的忧思都化作诗句。当然，不管怎样，屈原的《山鬼》一文都是一篇难得的佳作！

第七节 人生悲欢与离合

在香溪漫游时，屈原有幸参加了迎接少司命的祭祀活动，并一睹了少司命的绝代风华。后来，在搜集祭歌资料的时候，他又接触了有关大司命的传说。大司命与少司命的职责相对，少司命保佑孩童出生，而大司命则是掌管人类生死。这两位天神，均是人们心目中最有权威最有能力庇护自己的神，所以屈原的祭歌中自然也少不了赞颂他们的诗篇。

屈原所写的《大司命》，除了表现天神的威严与权力外，还加入了情感纠葛。按照传说，屈原将大司命与少司命设定为情侣的关系，然后叙写了他们之间的悲欢离合。这种悲欢离合充满了忧伤与无奈，是人与神都难以避免的。基于这种思想，屈原创作了风格独特、浪漫唯美，又给人诸多想象空间的《大司命》，全文如下：

广开兮天门，纷吾乘兮玄云。

令飘风兮先驱，使涑雨兮洒尘。

君回翔兮以下，逾空桑兮从女。

纷总总兮九州，何寿夭兮在予。

高飞兮安翔，乘清气兮御阴阳。

吾与君兮齐速，导帝之兮九坑。

灵衣兮被被，玉佩兮陆离。

壹阴兮壹阳，众莫知兮余所为。

折疏麻兮瑶华，将以遗兮离居。

老冉冉兮既极，不寖近兮愈疏。

乘龙兮辚辚，高驼兮冲天。

结桂枝兮延伫，羌愈思兮愁人。

愁人兮奈何，愿若今兮无亏。

固人命兮有当，孰离合兮可为？

屈原在描写大司命之前，先对其进行了丰富的想象，屈原想：“一位掌管着人类生死的天神，只要稍稍一动手指，就能决定人的命运，必然是一种令人敬畏的形象。”于是，在《大司命》的开场，屈原就以大司命的口吻写道：“广开兮天门，纷吾乘兮玄云。令飘风兮先驱，使涑雨兮洒尘。”意思是，天宫的大门大开，我乘驾着一团团黑云而来，命令旋风在前面开路，又指派暴雨洗净空气中的尘埃。从这几句开场白中，人们可以感受到大司命出场时的排场与威仪。因为他出入天庭时，天宫的大门不仅打开着，而且还是“广开”，他腾云驾雾，驱风指雨，堪比万物的主宰。然后，屈原又用“纷总总兮九州，何寿天兮在予”来点明大司命因自己拥有掌管众生生死的职责而得意满满。

接下来，屈原又以少司命的口吻写道：“折疏麻兮瑶华，将以遗兮离居。老冉冉兮既极，不寖近兮愈疏。”意思是，我折下茎断丝连的疏麻白花，送给即将离别的大司命，以表达思念之情。如今的我，已渐渐老暮，再不与之亲近，恐怕以后机会就渺茫了。这几句诗歌，说明了少司命对大司命是又敬又爱的，同时也从侧面表现了大司命高不可攀的人物形象。

后来，大司命真的要走了，准备起驾返回天宫。此时的少司命，内心非常不舍——“结桂枝兮延伫，羌愈思兮愁人。”我编结着桂树枝条远望，为什么越思念越忧心忡忡。不过她左右不了这种离别，于是便安慰自己：“愁人兮奈何，愿若今兮无亏。固人命兮有当，孰离合兮可为?”是啊，愁又有什么用呢?又摆脱不掉。我只希望以后我们还能像今天这样不失礼敬。再说了，人的寿命本来就有长有短，也算是一种无奈，而对于悲欢离合这种人之常情的事，谁又能避免呢?

写完这首充满忧愁思念的悲歌，屈原接着又写了《少司命》这首节奏温馨、欢快的祭歌。诗的开头便写道：“秋兰兮麋芜，罗生兮堂下。绿叶兮素华，芳菲菲兮袭予。夫人自有兮美子，荪何以兮愁苦?”这是祭祀女巫对少司命的安慰话语，她劝少司命不要太过愁苦，不管怎样，在她的庇佑下人们才会有孩子，所以，她并不是孤单的，人们喜欢她，感激她，爱戴她。附和着女巫的劝说，少司命说了一番颇有深意的话：“入不言兮出不辞，乘回风兮载云旗。悲莫悲兮生别离，乐莫乐兮新相知。”即人生最悲哀的事莫过于，生而不能相守，常常别离；人生最愉快的事莫过于，结识新朋友，相熟相知。这样看来，似乎是少司命已经想开了，而其实则是她在诉说着心中的无奈。因为趋生避死、趋乐避苦是人的本性，所以悲欢离合才会很快被忽视。由此可见，她忧愁的不是人们没有子嗣，而是人们这种回避生死离别的态度。

不过，少司命深知自己降临人间的职责，所以暂且抛开这种忧思，将自己的注意力集中到那些来参加祭神的妇女身上。她与这些妇女一一交流眼神，接收到了她们渴望生子的愿望。于是在喜庆气氛的感染下，少司命心中的愁苦之情也就慢慢淡化了。她看到祭祀的人们都那么虔诚有礼，对她尊敬有加，内心十分喜悦。然而，她终归是要离去的，为了减轻人们心中的失落，善解人意的少司命选择了悄无声息地离去。她乘着旋风，坐着插有孔雀羽毛的彩车悄然飞向天际，瞬间便从人们的眼前消失了，就仿佛她从来没出现过……

接着，屈原又在诗中加入了大司命的话语："我久久地在云中等待着你，要陪你到日浴的咸池去洗头，再到日出的地方把头发晾干。可是等了很久，你都没有来，于是我便神情恍惚地伫立在云端放声高歌起来。"屈原之所以在这里加入一段大司命的独白，主要是强调大司命对少司命的爱慕之情，他愿意陪她做她喜欢做的任何事。

在诗歌的最后，屈原又借助百姓之口，重新描述了一下少司命的飒爽英姿："登九天兮抚彗星。竦长剑兮拥幼艾，荪独宜兮为民正。"她升上九天，抚持彗星，一手握着长剑，一手抱着婴儿，是人们心目中最公正无私的天神。

可以说，《大司命》和《少司命》是屈原在《九歌》集中抒发感悟最深的诗歌。他由之前的赞颂诸神，颂扬将士，歌颂爱情，发展到了剖析人生，升华自我。人们在唱他的这些祭歌时，不再是仅仅单纯地抒发恭维之词，而是能从中有所领悟，进而修正自己。能令诗歌拥有这种效果，这是屈原个人的进步，更是他对楚国祭歌的巨大贡献！

第六章

世浊莫吾知：改革遭反对，满怀疏离忧

自古改革非易事，改革者总会遇到这样或那样的挫折，屈原也不例外。在改革的过程中，他触及了上层阶级的利益，因而遭到众人的激烈反对。因为为人耿直，刚正不阿，不愿与小人同流合污，他受奸佞谗害，被怀王疏远。后来，他又被怀王赶出郢都，流放汉北，政治理想最终化为了泡影。

第一节 锐意改革遭反对

屈原进京之后，楚国的确发生了翻天覆地的变化，先是国君怀王开始奋发图强，接着又推行改革，后来在屈原的努力下六国还结成了合纵联盟，怀王成了盟约领袖……这一系列的变法，使楚国出现了短暂的中兴。屈原也因此成为怀王最信得过的谋臣，并官居左徒。怀王似乎对这位年轻的左徒大人十分偏爱，许多内政外交都交由他处理。

作为左徒大人，屈原处理最多的还是内政事务，在当前来讲就是锐意改革。因为有楚王的信任和支持，屈原在进行改革时手腕强硬，毫不马虎。他认为改革的首要任务应是章明法度，抑制豪吏。只有慢慢削减那些权贵们的特权，才能改变他们骄奢淫逸的生活习惯，使其让利于民，让老百姓生活得不再艰难，如此这般，才能真正实现国富民强。

其次，屈原主张改革用人制度。认为只有打破贵族世袭官位的陈规陋习，举贤任能，才能真正为楚国选拔出有用的人才，以便更快更好地改善楚国官员腐败、国家机构混乱、百姓申诉无门的现状。

再次，就是效仿商鞅奖励军功。无论是平民百姓还是贵族子弟，只要在战场上英勇善战，立下军功，国家都给予嘉奖。屈原之所以做出这样的改革，是经过深思熟虑的。在屈原看来，对外战争的成败关系到国家的荣辱安危，只有士兵骁勇善战才能保证战争的胜利。当然，一两次的失败并不能说明什么，但是国君一定要考虑到士兵的感受。不要只在打胜仗的时候才想起给士兵奖励，战败的士兵更需要关心和鼓舞。所以，奖励士兵的条件就定在“只要立军功就赏。”

当然，想要真正实现楚国的富强，就要进行更彻底的改革，这不仅要包括上述几点，还要涉及政治、经济、军事、文化、外交等方方面面。于是，在之前草创新法的基础上，屈原又增添了新的内容。这些内容大多涉及贵族阶级的利益，付诸实施时必定会遭到他们的反对。这样的事情，在吴起变法和商鞅变法中都曾出现过，这也是这二人最终惨死的一个重要原因。

可即使这样，屈原也宁愿“冒天下之大不韪”将改革进行到底。因为在实施改革之前，他便已明白改革的真正含义。改革就是要打破陈规，冲破旧的枷锁和牢笼，当然，这会损害一部分上层贵族阶级的利益，因而推行改革者随时都有丢掉性命的危险。但是，屈原不得不这么做，因为他不忍心楚国一直这样积贫积弱下去，不忍心让百姓一直过着艰难困苦的日子。

事实上，对于屈原锐意改革的做法，大多数官员还是支持的，只有那一少部分朝廷蛀虫总是跳出来反对，这其中就包括楚大夫靳尚。靳尚是个诡计多端的人，善于当面一套背后一套。对于屈原实施的变法改革，他表面上大唱赞美之词，背地里却总是在那些反对屈原改革的贵族和大臣面前煽风点火，怂恿他们跟屈原对着干。

有一次，屈原去找怀王请示增添一项新的改革措施，靳尚刚好也在场。屈原做事一向光明磊落，毫不避讳，见靳尚不愿退下，便直接开口对怀王说道："大王，臣发现我们楚国的王公贵族俸禄有些偏高，远远多于他们每月的正常花费，这样只会滋长他们骄奢淫逸、铺张浪费的恶习。臣打算削减他们的俸禄，下发给贫困地区的百姓，不知大王意下如何？"

怀王一听，自然连声说好，且嘱咐屈原道："改革的事情，你自己做主，只要不是太过分，就无须请示寡人。寡人只想楚国尽快富强起来，大臣能够专心朝政，百姓能够安居乐业。"怀王说罢，见靳尚一直垂手立在那里，一副认真倾听的样子，就说道："靳爱卿，听说你也很支持寡人此番推行的变法改革，那么针对此事，你有什么看法？"

见怀王征求自己的意见，靳尚赶紧满脸堆笑地答道："回大王，臣以为左徒大人进行这方面的改革甚好，毕竟成由节俭败由奢。国富民强是大家共同的期望，我想那些王公贵族应该能理解。"听靳尚如此回答，怀王心中大悦，夸赞他道："若朝中大臣都能如靳爱卿这般深明大义，那么变法改革定能一帆风顺。"

屈原深知靳尚的为人，况且他也是贵族中的代表人物，今听他在怀王面前如此推崇自己的改革，心中便已猜出这是他谄媚逢迎的说法罢了，只是不好在怀王面前当面驳斥。

二人一同退下之时，靳尚还在对屈原说着恭维的话，丝毫没有看出屈原的嫌恶之态。于是，屈原连忙推说还有些事情要做，匆匆告辞。可是没走多远，屈原便听见靳尚在向路上碰到的一位贵族大臣描述方才他向怀王请示的改革内容。并且，他还听见靳尚对自己破口大骂，甚至还对那位贵族大臣说要联合其他贵族给自己点颜色瞧瞧。听到这里，屈原不由地冷笑了一声，心想："这个老滑头的狐狸尾巴终于露出来了！"

第二天，几乎所有贵族都知道了屈原想要削减他们俸禄的消息。大家在朝堂上联名向怀王请示取消该项法令，同时还要求取消其他一些有损他们既得利益的条文。他们还在怀王面前对屈原进行人身攻击，说屈原是个破落贵族，艳羡他们的生活便想法对其进行打压。怀王见堂下乱成一锅粥，一时也没了主意，只能应付道："各位爱卿反映的事情，寡人会认真考虑，至于说屈原是因为嫉妒大家才做这些改革，寡人认为纯属无稽之谈。"说罢，匆匆退朝。

随后，怀王将屈原召来谈话，言谈之间屈原感受到怀王对变法改革已不似当初那样坚决了。这也难怪，楚国的贵族势力盘根错节，他们贪污腐败、骄奢淫逸的风气由来已久，不是说撼动就能轻易撼动的。事实上，锐意改革遭到一部分人的激烈反对是屈原早就预料到的事情，只不过他没有想到怀王的意志会这么不坚定，他突然不敢确定自己是否能够将改革这条路进行到底了……

第二节 当理想化为泡影

在主持改革时，屈原越来越觉得有些力不从心了。不是因为反对者太多，而是他与怀王的心渐渐有些疏远了……

在深得怀王信任的时候，屈原是位高权重的左徒大人，其权位之高，攀升之快无不令那些整日蠕动在朝堂之上的国之蛀虫嫉妒艳羡。再加上屈原为人耿直，不善于处理同僚关系，又锐意改革，损害了贵族阶级的利益，所以便有许多人对他恨得咬牙切齿。所以，就有奸佞小人开始到处散布屈原恃才傲物、好大喜功、目中无人的谣言。屈原内心坦荡，深知清者自清的道理，对这些谣言并不理会。但是这些奸佞小人并没有因为屈原的宽容而有所收敛，反而觉得屈原是个软柿子，就变本加厉的陷害他，以至于开始在怀王跟前进谗言。

这些奸佞小人中，以大夫靳尚最为猖狂。自那日听说屈原要削减贵族俸禄之后，他便露出了自己的本来面目，不再在怀王面前伪装拥护改革，转而开始对屈原进行恶意攻击。

这天，靳尚和其他两位贵族大臣来到怀王面前，痛哭流涕地诉说屈原的种种不是。首先由靳尚开始，他一见到怀王，就“扑通”一声跪倒在地，继而带着哭腔对怀王说道：“大王，您要为我主持公道啊，这左徒屈原欺人太甚！”见靳尚这副模样，怀王连忙将其搀扶起来，关切地问他怎么回事。

靳尚假装拭泪了一番，然后委屈地说道：“大王，臣听说您前几日又让屈原拟写宪令，方才我进来时在门口碰见了拿着宪令的屈原，我就说想要借来看一看，可屈原偏偏不给。我就开玩笑似的去夺，没想到屈原竟然对我大声斥责，还说这宪令是您点名让他写的，旁人根本写不出来。他骄傲自大，气焰嚣张，不尊重老臣便算了，连大王您也不放在眼里。”

怀王听罢，顿时怒火中烧，大发雷霆道：“放肆！这小小屈原竟恃才傲物到这种地步，连寡人都不放在眼里，来人，把屈原给我叫来！”

当屈原听说怀王要召见他，连忙放下手头的工作，跟着内侍往宫内走。一路上，屈原还盘算着要跟怀王报告一下改革的进度，有几项改革的细则也要再与怀王商量商量……

见到怀王时，屈原看见靳尚和另外两位贵族大人也在，便感觉有些奇怪，刚想问怀王召他来有何事，怀王就抢先开口了：“屈原，你是不是对靳爱卿有所不满？”

听怀王问得这么直接，屈原只能据实相告：“回大王，臣本人对靳尚大人并无意见，只是在改革这件事上，臣认为他有些两面三刀，常常背地里教唆一些大臣与臣作对，阻碍改革……”

没等屈原说完，怀王便又说道：“那你就是承认对靳爱卿不满了？那你对寡人是不是也有所不满呢？”说着怀王拍案而起，继而将刚才靳尚三人对屈原的编排一股脑儿说了出来，并大声指责他目中无人，恃才傲物，不分尊卑……言罢，怀王便拂袖而去。

听完怀王这些子虚乌有的指责，屈原顿时愣住了，他没有想到怀王竟会相信这些谣言，心顿时冷到了极点。

后来，屈原试图向怀王解释，可怀王对他拒而不见。而那些平日里恨透屈原的奸佞小人则趁机围拢到怀王身边，肆无忌惮地编排着屈原的种种不是，使怀王更加疏远屈原了。

话说，秦国见楚国在屈原的变法改革下国力日渐增强，又与其他国家结成联盟，便生出了危机感。秦王又听说怀王近日正疏远屈原，于是便派张仪出使楚国，欲拉拢楚王，破坏六国合纵。

张仪到了楚国之后，先去拜访了与秦国有所勾结的大夫靳尚。靳尚告诉张仪，若想破坏六国合纵，就要先破坏楚国正在施行的变法改革。因为变法改革使楚国国力增强，所以其他国家才愿意与楚国交好，一同抗秦。张仪便问："怎样才能破坏变法改革呢？"靳尚回答说："你应该听说过最近楚王正在生屈原的气吧？屈原就是楚国变法改革的发起人和主持者，也是六国合纵的促使人，如果你能先将屈原彻底从怀王身边赶走，那么改革一事自然搁浅，而合纵联盟也必然不会长久。"

于是，张仪便来找屈原，劝说他停止改革，投靠秦国。屈原听后断然拒绝，还把张仪赶出了门外。见屈原不好拉拢，张仪就跟靳尚合谋想出一条妙计来陷害屈原。

这天，张仪正式入宫拜见楚王。因为有使臣来拜，怀王便暂时放下对屈原的恼怒，将其召入宫中。宴席上，张仪首先向怀王进献了大批金银珠宝，赢得了楚王的好感。接着，张仪便开始了他的游说："当今天下，七国争雄，秦、楚、齐三国最为强盛。秦楚交好，楚必强于齐；秦齐交好，齐必强于楚。身为秦国丞相，我深知我们大王的心思，他不喜欢齐宣王的为人，更喜欢怀王您。

秦楚相邻，有兄弟之谊、手足之情，即便偶尔大动干戈，也是不得已而为之，所以秦王今派我前来，想要与您楚国交好结为兄弟之盟，并归还商于（今河南淅川县西南）之地六百里，不知怀王意下如何？”

怀王是个目光短浅之人，见有利可图，再加上大夫靳尚等人的劝说，便答应与齐国绝交，和秦国结盟。

屈原一听，连忙起身反对道：“大王，这万万不可，秦国是畏惧我们齐楚联盟、六国合纵的力量，才派张仪来谈秦楚结盟的，目的是要毁掉合纵，好对我们进行各个击破。大王千万不要上当啊！”

见屈原这么说，张仪深恐怀王会后悔，连忙对靳尚使了个眼色，靳尚会意，便对怀王说道：“大王，秦楚结盟既可保我边境平安，又能收回商于六百里地，百利而无一害。屈原这么说，无非是因为他向张仪索要那一双白璧还未被送到他的府上罢了。”

怀王听后顿时气得七窍生烟，当即下令罢黜屈原左徒之职，降为三闾大夫，并命人将其赶出宫外，令其不得再参与朝政。

屈原被莫名其妙地赶出宫门后，久久不愿离去。他幻想着怀王能够回心转意，希望怀王还能记得他们曾经说过要用改革振兴楚国的誓言。可是直到天黑，怀王还是没有改变主意召他回宫。屈原绝望了，他失魂落魄地走在郢都的大街上，看着他刚来时的繁华景象，想想自己现在的落魄模样，不禁悲从中来……屈原知道，怀王禁止他再参与朝政，他苦心经营多年的变法改革就要被搁浅了，而他一直想要振兴楚国的理想也化为了泡影……

第二节 再使齐国挽狂澜

屈原被赶出宫后，怀王一直被大夫靳尚和张仪蛊惑着，天天只想着尽快拿回商于六百里地，根本就没有想到这会是一个陷阱。

按张仪的要求，楚国须先同齐国断交，秦国才与之结盟。于是，怀王下令北关守将不再与齐国通使。然后又赐张仪黄金百镒，并派逢侯丑护送其回秦，并接收土地。

来到咸阳之后，为尽地主之谊，张仪决定个人设宴招待逢侯丑。席间，两人相谈甚欢，高兴得忘乎所以。尤其是张仪，喝得酩酊大醉，最后临别时竟不小心摔下了马车，把脚踝给摔伤了。不得已，张仪只好将逢侯丑安置到驿馆等候，自己先去就医。

没想到，逢侯丑这一等竟等了两个多月。最后，逢侯丑实在等不下去了，就亲自去拜见秦惠王，秦王对他说道：“张相许诺的事情，寡人一定不会食言。但是齐楚至今还未断绝关系，接收土地的事还是等张相伤好了再说吧！”事实上，张仪是假装摔伤脚踝，此时他正在府上等着看接下来的好戏。

逢侯丑见秦王迟迟不肯将土地交给他，就连忙遣人回国禀告怀王。怀王接到消息后，心想："难道这秦国是嫌我与齐国断交断得不彻底？"于是，赶紧派人到齐楚边境大骂齐宣王，以示断交决心。

齐宣王听说楚国派人辱骂自己，一气之下派人到秦国，与秦国结盟共谋伐楚。

直到这时，张仪才出来见逢侯丑，并且一脸迷惑地说道："将军怎么到现在还不回国，难道是接收土地之事还没有办好？"逢侯丑就把秦惠王对他说的话说了一遍，岂料，张仪竟说："区区六里之地，何苦费这么大周折？"逢侯丑一听，六里地？不是六百里吗？张仪笑着说："当然是六里地，是你们听错了。谁会傻到把那么一大片国土拱手送人呢？"

听张仪这么一说，逢侯丑才知道中了秦国的计，当即快马加鞭赶回楚国向怀王汇报。怀王知道中了计，气得差点吐血，破口大骂张仪道："无耻小儿，欺人太甚，竟然敢行骗到寡人头上！如果让我逮到他，非得扒了他的皮，抽了他的筋！"

平静下来之后，怀王幡然悔悟："我当初若是听从了屈原的劝谏，也不会落得如此下场……"但是，怀王又太注重颜面，不好意思在被骗之后再请屈原回来。于是，为了雪耻，他决定命屈匄为大将，逢侯丑为副将，率十万大军，以惩治张仪为名伐秦。

得知怀王将要伐秦，屈原心急如焚，他想要劝谏怀王打消这个念头，可是又苦于求见无门，只能眼看事情发生。

秦楚战争打响之后，秦国立即邀齐国发兵助阵。多年来，楚国一直疏忽军队训练，再加上现在又是突然备战，自然缺乏战斗力。而秦齐之兵则不同，他们的国家都非常重视军事，又经常兴兵攻打别国，所以都是一群虎狼之师。楚国与这两国交战，犹如羊入虎口，岂有不败之理。

这一战，楚国损失惨重，主将副将双双阵亡不说，还损失八万多兵力，且汉中大片土地皆被秦军所夺。面对如此大的损失，怀王不仅没有吸取教训，反而变本加厉，拿出全国的兵力与秦再战，虽一度攻占蓝田（今陕西蓝田西），但终免不了以战败告罄。

另一方面，韩、魏两国因恨怀王曾背约和秦，在楚国之后进行袭击。眼见两面夹击，腹背受敌，怀王十分恐慌，连忙派人向秦国求和。求和的代价是：除沦陷的汉中之地外，再割两座城池给秦国。

经过这次教训，怀王痛定思痛，决定好好收拾残局。这时，他又想起了自己曾经的智囊——屈原。

将屈原召回宫中之后，怀王首先做了深刻的检讨，然后又说出了自己的打算。他希望屈原能够再次出使齐国，向齐宣王谢罪，重修两国关系，共谋抗秦大计。听完怀王的这个打算之后，屈原非常欣慰，虽然他知道重修齐楚两国关系难度很大，但还是欣然接受了使命。毕竟，他敬爱的国君恢复了往日的清醒，知道了目前怎么做才是对楚国最有利的。

虽然接受了使命，但是屈原的心里很不踏实，因为他对劝服齐宣王并没有十足的把握。因为这次确实是楚国的不对，是楚国背叛了与齐国的盟约投靠了秦国，也破坏了六国合纵。而且，一时被利益冲昏头脑的怀王还曾派人到边境大骂齐宣王。这种种事件，足以证明楚怀王是个背信弃义的小人，根本不值得相信。如今，楚国大败而归，损失惨重，又想起了它曾经的盟友来，这任谁都难以接受。因此，屈原得出的结论是：此去任务巨大，风险极高！

不过即使这样，屈原也乐于前往，因为放眼整个楚国，没有比他更合适的人了，毕竟他曾出使过齐国，齐宣王对他非常崇敬。而且，楚怀王一直都是屈原实现理想抱负的寄托。怀王此举，更是让连日来被疏远的屈原看到了楚国的希望。因而，此去齐国，屈原义不容辞。

果然，怀王派屈原来齐国是派对人了。因为齐宣王起先听说楚国派人来修好时，并不打算接见，但听下臣说还是上次来的那位屈原屈大人时，便又忽然改变了主意。单不说屈原是楚国派来的使臣这一层关系，只说他与齐宣王的交情，哪怕当是朋友路过，齐宣王也要大摆筵席为其接风。

与上次见面不同，屈原这次并没有滔滔不绝地向齐宣王讲起天下大事，也没有先谈重归于好的事，甚至没有说一句抱歉的话。但是，齐宣王从屈原的神情和举止中便看出了一切。齐宣王早就听说了屈原在楚国的遭遇，他知道屈原蒙了羞，受了辱，被奸人陷害，遭怀王离弃……对于心志高洁的屈原来讲，这些比要了他的命还让他难受。

于是，齐宣王宽慰屈原道："如今'楚才晋用'、'择明君而佐之'是天下大势，如果您在楚国待得不快乐，为什么不另找依靠呢？如果你愿意，我齐国的大门随时为你敞开。"

屈原先是谢过齐宣王的好意，然后不无悲痛地说道："我一个人的荣辱安危是小，可我不忍心楚国的百姓也跟着受苦。如今七国争霸，暴秦肆虐，楚人深受其害。如果我再不好好辅佐楚王，任凭那些小人阻塞圣听，愚弄君王，那么楚国的百姓将深陷水深火热之中。楚王是一个好国君，他内心深处也希望振兴楚国，保百姓平安，只不过总被奸人利用，像这次与齐断交……"

听到这里，齐宣王已明白屈原的意思，他是个聪明人，根本无须屈原多费唇舌。齐宣王这次答应与楚国重归于好，除了考虑到天下形势外，最重要的就是被屈原的个人魅力所折服。他钦佩屈原的才华，同情屈原的遭遇，更欣赏屈原那一腔爱国心。

第四节 哀其不争楚怀王

齐宣王答应屈原与楚国重修于好之后，并没有立即放屈原回来，而是将他留在齐国陪自己欣赏美景，谈天说地。屈原虽然担心楚怀王，但是齐宣王盛情难却，于是便答应多在齐国逗留几日。

这边楚怀王虽然吸取了教训，但是仍咽不下被张仪耍弄的这股恶气。正当怀王寻思着用什么办法把张仪弄到楚国来的时候，秦国派使者过来，商量割地求和的事情。秦国使者转达秦惠王的意思道：“秦国不要楚国另外割给的那两座城池了，想要用夺取的汉中之地的一半交换楚国黔中（今湖南常德）之地。”听完秦国使者的这个要求，怀王瞬间想到用什么办法把张仪弄过来了，他眯着眼对秦国使者说：“秦国既然不要我那两座城池，我也不需要秦国用汉中之地来给我换黔中之地，只要你们国君答应把张仪送过来，我就把黔中之地拱手相送！”

得知此事，秦惠王一时拿不定主意，便召众大臣一同商议该怎么办。秦国那些善于嫉贤妒能的大臣们认为以一人换一地这个交易非常划算，自然愿意将张仪交出。可秦惠王则有些不舍，毕竟张仪为秦相，是自己的左膀右臂，他岂能因为贪图土地就牺牲张仪呢？

张仪得知秦惠王的这一想法之后，感动不已，告诉秦惠王自己愿意到楚国去。秦惠王听罢，连连摆手，说道："万万不可，楚王恨你入骨，你去楚国就是送死。"

张仪说："大王，若以我一人能换取黔中大片土地，是臣的荣幸。况且，臣此去未必凶多吉少。"听张仪这么说，秦惠王便问其是否又想出了什么妙计。张仪说："臣与楚国的大夫靳尚还有怀王宠妃郑袖都有联系，这两个人如今是怀王最信任的人，只要他们在怀王面前替我美言，必定能助我逃出生天。臣听说郑袖现在正在谋划废除太子立自己的儿子为储君，我若能在此事上为她出力，那么事情就好办多了。况且，现在在楚国极力主张联齐抗秦的屈原已被罢黜左徒之职，没有了参政议政的权利，这对我们来说是十分有利的破坏合纵的好机会。"

听完张仪的这番话，秦惠王觉得很有道理，便答应了他的请求。不过为保张仪安全，他又派大将魏章驻守汉中，以备不时之需。

公元前 311 年，张仪再次来到楚国，不过这次不是被当作座上宾，而是阶下囚。怀王将他押入监牢，决心除之而后快。

当晚，张仪便买通狱吏，捎信给靳尚让其想法救出自己。因为被许诺了重金，靳尚办起事来特别卖力，次日一大早便跑到了怀王宠妃郑袖的门前求见。而且，他还装出一副伤心欲绝的样子，痛哭流涕地说道："娘娘，我不是为自己悲伤才哭成这样的，我是为了娘娘啊……"郑袖一听，满脸疑惑，赶紧问他这是怎么回事。

靳尚说道："我是在为娘娘日思夜想的谋换储君之事担忧，恐怕娘娘的心愿会落空……”听靳尚这样说，郑袖忽然被吓了一跳，赶紧催靳尚把话说下去。

靳尚知道已成功吸引了郑袖的注意力，便也不再卖关子，直接说道：“昨日张仪已自投于楚，现已被大王押在了死牢，很快便会被斩首。娘娘知道，张仪与我有些交情，与您也算是一条心。如果张仪被斩，那谁还为娘娘改换储君分忧呢？所以我就不由得为娘娘担忧起来。我还听说，这张仪深得秦王厚爱，秦王为救回他，不惜以嫁女为楚妃作代价。这秦国公主一来，必定还少不了带些美艳佳丽。娘娘您想想，这日后楚宫中便都是些莺莺燕燕，怀王哪里还顾得上您？臣想到这里就更加为您担忧了……”说完，靳尚便号啕大哭起来。

靳尚这一哭不要紧，郑袖的危机感立马便袭上心头，说话也不由得结结巴巴起来：“那……大……大人，你说我该怎么办呢？”

靳尚见郑袖的表现正中下怀，便赶紧出谋划策道：“娘娘，为今之计只能劝大王放走张仪，张仪走了，这一系列的麻烦也便没有了。而张仪得救后，必然对您感恩戴德，日后这谋换储君之事他岂有不尽力之理？”

郑袖一听，觉得有理，当夜便去游说怀王了。一见怀王，郑袖便哭着扑倒在他的怀中，眼泪汪汪地说道：“大王，臣妾听说您要杀掉张仪，心中觉得大为不妥，很担心您与楚国的安危。”见怀王一脸错愕，郑袖便接着说道：“这张仪是秦相，杀之必会激怒秦王，到时候秦王势必会命令驻守在汉中的秦军为张仪报仇，秦军的实力大王已领教过，真要再打起来，楚国必有亡国灭种的危险。到时候，不仅楚国百姓生灵涂炭，你我夫妻也恐身首异处。由此可见，杀张仪对您是百害而无一利。即便是您真的杀了张仪，也难解心头之恨，毕竟张仪为秦相，所作所为均是为了秦王，皆非其本意。如果大王能网开一面，赦免张仪的死罪，其日后必感念大王恩德，说不定还能为您所用。”

楚王向来没有主见，尤其是在最宠爱的妃子面前更是百依百顺，因而便动了赦免张仪的念头。

第二天，大夫靳尚也一个劲儿地向怀王灌输杀张仪的坏处和赦张仪的好处。怀王怎么招架得住这一内一外、一妾一臣的游说，于是便决定释放张仪。为了张仪能为己所用，怀王还听从靳尚的意见，为张仪备下厚礼，设宴款待。

席间，见怀王心情大好，靳尚又乘胜追击，继续完成张仪当初托付给他的任务——破坏合纵。他对怀王说："大王，当今天下，最强莫过秦楚，秦楚相争若两虎相斗，必然会两败俱伤，使他国得利。即便一方胜出，以双方当前实力来看，秦国自然略胜一筹。以微臣之见，合纵莫如亲秦，若大王能与秦国结为兄弟之盟，日后必然安枕无忧。"

怀王果真是耳根软，无主见，竟然真的采纳了靳尚的建议，遣人带着百余车重礼，护送张仪回国，欲与秦结盟。

屈原从齐国回来后，听说怀王又放了张仪，气得直跺脚，差点当着怀王的面说出"果真是烂泥扶不上墙"这一大逆不道的话。屈原当时的心情是又气又恼又悲哀，比当初自己被怀王赶出宫门还要复杂。但是，怀王始终是他完成报国理想的寄托人，所以他只能强忍心中悲愤，尽量放缓语气对怀王说道："之前大王受骗于张仪，愤恨不已，一怒而与秦交战，弄得惨败而归。如今张仪来楚，臣料想大王必杀之。岂料，大王不仅没有那么做，反而被其蛊惑，背纵离约，侍奉仇敌。此举岂不令万民唾弃，百姓心寒?"

听了屈原的话，怀王幡然醒悟，急忙派人驱车追赶张仪，但张仪早已狂奔离楚，哪里还见踪迹。见事已至此，屈原也无可奈何，只能一声叹息……

第五节

始终不忘心中志

屈原虽然被怀王派去齐国重修旧好，但是怀王听信小人谗言，对他已经不再信任，当初派他使齐也不过是权宜之计罢了。所以完成任务归来之后，屈原仍然是那个小小的三闾大夫，做着主持宗庙祭祀，教导王族屈、景、昭三姓子弟的闲差事。

就这样，一直到了公元前 311 年，秦惠文王卒，其子武王继位，屈原仍未重新得到怀王重用。这时列国形势已经发生改变，秦国早已不用张仪为相，而是启用樗里疾、甘茂为左右丞相。由于新王初即位，秦国势头并不似秦惠王在位时那般强劲，因而六国合纵的胜算便增大了。

公元前 309 年，齐宣王写信给楚怀王，约他谈合纵，自己欲做纵约长。可是此时，楚怀王已暗合于秦，对齐宣王的邀请便有些犹豫不决，于是便找众大臣商议。

大夫靳尚还是原来的老腔调："合秦比六国合纵更有益处，合秦，就是秦楚强强联手，齐国与其他各国日后定不敢对楚国有所冒犯。同时，我们也缓解了与秦国长期以来关系紧张的局面，更为百姓解除了受秦欺凌的隐患。”听了靳尚的话，一些贪图安逸，受贿强秦的大臣也都跟着附和。

不过，一向正直不阿的昭雎将军却提出了反对意见，他说：“秦兵连年来夺我土地，虐我百姓，是虎狼之邦，不足为信。况且先前张仪又欺骗我们楚国，使得楚国与秦国最终兵戎相见，楚国也因此损失惨重。后来大王您又不慎放走张仪，更让我们楚国成为天下的笑柄。如此惨痛教训，如此深仇大恨，如此奇耻大辱，我们怎能轻易忘记？所以，为一雪前耻，我们应该接受齐宣王的建议，重新与六国建立合纵关系。况且，齐宣王在信中已经说过，秦国丞相樗里疾亲善韩国。如果我们能与齐国和韩国交好，厚待樗里疾，那么楚国就能与两国一起夺回被秦国侵占的土地。秦国已攻破了韩国的军事重镇宜阳，可是韩国仍然与秦国交好，为秦国效命，这是因为韩国先王的陵墓在平阳，与秦国的武遂（今山西省临汾市西南）相距不过七十里所致。如果大王能帮助韩国从秦国手中夺得武遂，那韩国一定会对大王您感激不尽。那时，他们再好好拉拢樗里疾，即使秦王知道了，可看在我们合纵的势力上也不敢赶走樗里疾。那么，我们便可从樗里疾处获取有利于楚国的信息了。”

听完昭将军的这番分析，怀王拍手叫绝，当即作出决定说：“寡人就依昭雎所言，我们不合秦了，我们要先合齐国和韩国，然后再重建我们的六国合纵。”

事实上，昭雎将军说的那番话，是他提前跟屈原商量好的。因为屈原无权参政，可是又放不下楚国的安危，所以才托平日里关系不错的昭雎代为转达自己对怀王的劝说。由此可见，屈原虽被逐出楚国的政治舞台，但是仍不忘心中之志，时刻关心着楚国的安危，时刻准备着在关键时刻挺身而出。

秦武王继位之后，虽然不像秦惠王那般善于使用计谋对付六国，但他也拥有秦国君王好战尚武的习性，一上台便提拔了许多勇士为官，如任鄙、乌获、孟说等。而且他还经常与这些勇士切磋武艺，以强壮自我，保持勇武。公元前307年，秦武王与孟说比赛举鼎，不慎折足而亡。于是，秦国就在短短四年之后又换了一位新君主，他就是秦昭王。

秦昭王掌国之后，又延续其父秦惠王和其兄秦武王的政治策略，对楚国极尽拉拢之能事。而且，秦昭王的母亲宣太后也是楚国人，所以便力促秦楚结盟。公元前305年，秦昭王派使者带着大量财宝到楚国进行游说，楚怀王因贪图财物以及昭王许诺的大批秦宫佳丽，又一次做出了背齐合秦的丑事。而且，秦、楚双方又约为婚姻之国，使秦迎妇于楚，楚迎妇于秦。

眼看着怀王在秦国所设的陷阱中越陷越深，屈原心急如焚，可是他又不能直接跑到怀王面前进行劝谏，只能偶尔委托昭睢等人说出自己的意见，所以他内心的煎熬便一天比一天强烈。连日来屈原食不知味，夜不能寐，精神恍惚，萎靡不振，为楚国的前途担忧，为百姓的安危着急。当他失魂落魄地走在街上时，那些拥戴他的百姓便会心疼地跑过来安慰他一番。受到百姓们的关心和爱戴，屈原心中十分感动，但同时他也更为楚国百姓担忧了，因为他害怕有一天楚国这些百姓都会成为秦兵刀下的亡魂。想到这里，屈原便痛心不已，整个人的意志也变得更加消沉。

突然有一天，屈原又醒悟过来了，心想：“我不能再这样消沉下去，我当初是怀揣着报效楚国、造福百姓的梦想来到郢都的，如今理想尚未实现，我岂能就此倒下？我当初的激情和自信去了哪里？对，要振作！”想到这里，屈原曾经的自信和风采好像又回来了。于是，他忍受着被人刁难凌辱的屈辱，几次三番托人捎信要拜见楚王，可是都被拒之门外。眼看着面见无门，屈原又改上奏章，可是这些奏章一入宫门便石沉大海了。屈原不知道，这奏章是楚王看了不想回复，还是被靳尚等人截下根本就没有被呈上去。

想尽一切办法都无法达成劝谏怀王的目的，屈原便有些心灰意冷了。想当初，他在朝堂上是何等的能言善辩，英武不凡，如今竟落魄至此，有话无处说，有口难辩解，真是讽刺！想到这里，屈原忽然无奈地冷笑一声。不过，想想楚国的命运，百姓的安危，屈原觉得自己受到的这些不公，根本就不算什么。他不是一个轻言放弃的人，虽然挫折会令他身心俱疲，但是，却始终磨灭不了他心中的志向。于是，他便继续与昭睢等人聚会谈事，抒发自己对怀王合秦背齐的担忧，并与大家商议解决办法。

不过，计划永远赶不上变化。这边屈原等人还没有从秦楚约为婚姻之国的担忧中抽身出来，那边秦国又开始加紧了对楚王的攻势。刚与楚国约为婚姻之国不久，同年秦昭王又开始与怀王商定在楚国黄棘（今河南南阳新野县东北）订立黄棘之盟，还许诺答应归还先前秦兵攻占的楚国土地上庸（今湖北竹山西南）。楚王觉得黄棘之盟有利可图，便不顾朝中多数大臣的反对，爽快地应允了秦昭王的提议。怀王如此昏庸，一旦屈原得知这一消息，他心中的愁苦和悲伤可想而知！

第六节 流放汉北偏远地

一听说怀王与秦国订立了黄棘之盟，屈原顿感五雷轰顶，对楚国的命运产生了深深的担忧。虽然如今的他，根本得不到怀王信任，根本不能改变什么，但他只知道自己绝对不能坐以待毙。于是，他便又与将军昭雎、大臣陈轸等反对合秦的朝臣商议，联名反对怀王与秦国订立黄棘之盟。不过，昭雎与陈轸等虽竭力劝说，但却无济于事，怀王仍旧一意孤行。

这日，昭雎与大臣陈轸破例带着屈原一同前去面见怀王，欲将黄棘之盟的利害关系为怀王言明。为避免被禁止参政的屈原惹怒怀王，昭雎首先开了口，他义正词严地对怀王说：“大王，臣一直劝谏您不要与秦国交好，秦乃虎狼之国，善于伪装，趁人不备便会突然扑上来撕咬。如今这几年，秦国一反常态，一直拉拢大王，其用心非常令人怀疑。目的肯定不仅仅是从楚国谋利，很有可能是想慢慢将楚国吞并。如今的黄棘之盟，无疑是个带着诱惑的陷阱，不然怎么将其士兵拼死夺来的土地拱手归还呢？当年张仪用商于六百里地欺骗大王，难道您都忘记了吗？”

此时的怀王早已被秦国的糖衣炮弹迷失了心志，哪里还听得进去昭睢的劝谏，因而便不耐烦地说道：“爱卿多虑了，秦国现在与我们楚国是婚姻之国，早已结下兄弟之谊，哪里还会重演当年的错事。如今，他们已归还我上庸之地，其交好楚国之诚意可见一斑。”

见怀王如此糊涂固执，陈轸接着说道：“大王，秦国有略地攫利的习惯，今与楚国交好之后，一直做着赔本的买卖，肯定是想从楚国获取更大的好处，微臣以为其用心十分险恶……”没等陈轸说完，怀王便大手一挥：“够了，寡人心意已决，尔等多说无益，还是退下吧!”

这时，一直站在一旁未开口的屈原说话了：“下臣屈原，参见大王。”怀王一听是屈原，便觉得奇怪，问道：“三闾大夫，你不好好管理祭祀的事情，跑到这里凑什么热闹?”

屈原不卑不亢地回答道：“天下兴亡，匹夫有责，况臣如今还食着朝廷俸禄，自然关心楚国的前途命运。微臣曾经为大王分析过当今天下的形势，我们若想振兴楚国，唯有与六国合纵，一同压制楚国一统天下的最强对手——秦国。可是如今，一切都颠倒了，大王不仅不再抗秦，反而做出亲秦背约之事，简直是趋利忘义，难道大王不怕天下人耻笑您目光短浅，心无百姓吗?”

“住口！你真是胆大妄言，当初你为张仪没能及时贿赂你而阻碍我合秦，如今已无参政之权还敢在寡人面前卖弄你所谓的见识，真是不知天高地厚！寡人不管你是何居心，希望你就此打住。念你曾经为变法改革出过力，寡人不与你计较。不过，如果此次不对你稍加惩罚，你日后必然更加肆无忌惮。所以，寡人决定将你流放到汉北（今安康一带及汉水上游地区），希望你能认真反思悔过!”说完，怀王盛怒而去。

昭睢与陈轸见屈原惨遭如此待遇，均感愤愤不平，可是又无能为力，只能不住叹息。不过屈原倒像是早有预料似的，并没有表现出太多的悲伤之意，反而还安慰两位大臣：“两位不要为屈原难过，也不要对怀王心生怨恨，他只是一时被秦人蒙蔽，只要你们多多劝解，他迟早会醒悟过来。我这一去，不知何时才能归来，以后楚国的兴衰、万民的安危都拜托两位大臣了。”

与朝中与之交好的大臣交代了一番后，屈原便踏上了前往流放地的路途。这次前往流放地也算是一次漫游，屈原孤身一人，仅带了一些简单的生活用品，可以说是形单影只，孑然一身。得知屈原要被放逐，许多爱戴他的百姓都前来送行，他们有的给屈原送些路上带的干粮，有的为屈原送上刚刚采摘的鲜果，还有人投其所好地为他献上圣洁的兰花与各种香草……这样的情景，屈原觉得似曾相识，一如他当年意气风发前往郢都为官时，乡亲们前来为他送行的情景。然而，如今已今非昔比，物是人非，同样是送行，同样是一个人独行，可是目的地却有着不一样的性质—— 一个是施展抱负的政治舞台，一个是作为惩罚的荒蛮之地。

前往汉北的一路上，屈原不时听到关于楚国的噩耗，不是怀王为与秦国交好向秦国赠地赠人，就是楚国某位大臣因反对秦楚联合而遭奸佞小人谗害，要么就是怀王听信卖国奸臣的蛊惑，替秦国欺压其他列国……每一个消息的传来，都令屈原痛心疾首。

可以说，屈原被流放的这一路上，心情都是愁苦低落的，不是为自己的悲惨遭遇而心痛，而是为楚国的前途命运和百姓的安危而担心。屈原担心楚国的前途甚于自己的前途，甚至为自己不能与楚国共进退而感到遗憾和羞耻。

后来，屈原终于在历经长途跋涉之后，来到了流放的目的地——汉北。到达汉水上游的这天，屈原来到了汉水上游的郧县、襄樊一带。不过到了此处，屈原无心欣赏当地风景，而是立刻向人打听郢都的情况。

公元前303年，齐、韩、魏三国因楚国背纵离约，相约一同攻楚，进行讨伐。怀王面对声势浩大的讨伐之师，忽感心惊胆战，立马派人向秦国求助。为表达借兵诚意，怀王还把太子送到秦国作人质。楚太子不堪在秦国受辱，于第二年杀了秦国大夫，逃回了楚国。公元前301年，秦国便以此为借口，与齐、韩、魏联合攻打楚国，攻占了楚地重丘（今河南泌阳县东北）。

公元前300年，几国又发动了对楚国的第二次进攻。在这场战争中，楚国损失士兵2万多人，又折损一员英勇大将景缺。眼见着楚国山河破碎，百姓流离失所，怀王才幡然悔悟，明白了屈原、昭睢等人所说的齐楚联盟、六国合纵的重要性。于是，他又将太子送到齐国，以求齐王能重新考虑齐楚联盟抗秦一事。

屈原虽远在千里之外的汉北，但闻知楚国所发生的沧桑巨变，情不自禁地涕泪横流。他在为楚国前途担忧的同时，再想想怀王如今如坐针毡的处境，又不禁心疼起了这位曾经也试图发愤图强振兴楚国的君王。然而，不管屈原有多么心痛，他却什么也改变不了，只能眼睁睁地看着一幕幕惨剧发生。

第七章

路漫漫修远：遭怀王放逐，幽思作《离骚》

《离骚》是中华大地上一篇耀眼的华章，是屈原诗歌创作史上的最高成就。它是屈原智慧与心力的结晶，是他对自己人生的总结，其中包括他对自己出身的自豪，对个人遭遇的感慨，对君王的希冀，对百姓的同情……既表达了他诉不尽的忠怨之情，也表明了他“虽九死而犹未悔”的决心。

第一节 遭放逐而作《离骚》

与当年香溪漫游的愉快心情相比，屈原遭放逐的日子是灰暗的。因为心系楚国，担忧百姓，所以他的内心便一直在承受着无法想象的煎熬。不过别忘了，屈原除了是一位忧国忧民的朝臣外，还是一个富于浪漫情怀的诗人。这样的诗人，善于苦中作乐，善于化悲痛为力量，善于把单调乏味变得充实有趣。

因为有亲近自然的习惯，所以屈原到了汉北之后，只沉寂了几天，便调整身心，开始游历汉北独有的奇特风光。他的足迹几乎遍及汉北城乡、山林、沼泽的每一寸土地，而且心境也因美景而改变，不再如初来时那般封闭和压抑，开始逐渐和当地百姓打成一片，与他们建立了深厚的友谊。在与百姓互相了解的过程中，屈原对他们生活的艰辛与困苦了解得更加透彻，而他们对屈原的品格与节操也更加钦佩。在这里，屈原并不觉得是在受苦，虽然生活是艰辛了，但他更在乎的是精神上的满足。因为他觉得和百姓一起同甘共苦，苦也变成了乐。

流放期间，屈原想通了许多事情，比如对怀王的感情和看法。因为怀王曾经有过振兴楚国的想法，也曾经非常信任自己并委以重任，二人也算是有过志同道合的经历，也共同为楚国振兴富强做出一些成绩，所以屈原对怀王已经没有了丝毫怨恨，有的只是些许失望和同情。也就是说，屈原对怀王仍抱有期望，希望他有一天能回心转意，能够明白自己的良苦用心，能够对他自己的作为有所悔悟。而对于曾经陷害过他的大夫靳尚和怀王宠妃郑袖，屈原是怀有深深的恨意的，因为他是爱憎分明的人，对毫无主见的怀王，更多的是惋惜，而对奸诈邪恶的小人，就是愤恨了。

这样想过之后，屈原的内心豁然开朗了。因而在闲暇时他又重拾对诗歌的兴趣，创作了《抽思》和《思美人》两首诗，诗中他将自己的遭遇、志向和愿望写得清清楚楚。他希望这些诗歌有朝一日能传到郢都，传到怀王的耳中，使怀王能有所触动，能够对自己的所作所为有所悔悟。可是，诗歌传出去了一两年之后，也没见郢都那边有什么动静。于是，屈原决定静下心来，重新写一篇更好更能打动人的诗歌。

有了这样的想法，屈原艰辛乏味的生活中便有了新的目标。他想象着这首诗歌的内容，想象着它要比以往所写的诗歌更加内容充实，篇幅要长，寓意要深，既要切合主题，又要包罗万象，而且语言一定要精练有气势……有了一个大致的写作方向，屈原便开始着手准备创作了。

在前期准备期间，屈原仿佛入了魔，整天四处游荡，白天饿了，食野草花瓣充饥，饮露水山泉解渴，夜里累了困了，就睡在草地与花丛中休息……这些日子，他就如他诗中曾写过的那种山中精灵一般，与大自然完全融合了。这是屈原心中所期望达到的境界，因为一个人只有深入大自然，摒弃心中的所有杂念，才能作出最能触动人心的诗歌。

除了亲密接触大自然的美景外，屈原也不忘对自身的遭遇进行梳理。他在构思全诗主旨的时候，否定了一个又一个美妙的构思，如同一个提笔为心爱的姑娘写情诗的少年般，对于自己的构思，总是不断自我否定，以期望做到尽善尽美。最后，突然一瞬间，他有了灵感，终于确定要借用一个具有离忧意义的楚国当时的曲名“离骚”来作为自己所写长诗的标题。

当想到“离骚”这个名字时，屈原激动得几乎流下泪来。因为它所暗含的“离忧”之意，与自己的切身遭遇十分契合，仿佛就是为他所准备的。屈原仔细回顾了自己短暂的从政生涯，从被怀王信任、委以重任，到被怀王怀疑、抛弃，从执掌楚国内政外交大权的左徒，降为无任何参政权利只做闲事的三闾大夫，再到如今被放逐偏远的边塞之地，屈原心中怎会没有离忧之思?

除了意思与自己的心境相似外，“离骚”之名还有另外两层意义，也是屈原考虑在内的。第一点就是避免再遭残害，因为他要写的是对楚国与怀王的担忧，又不能直言，借用祭祀曲名，既是迎合楚人喜欢歌唱的喜好，又能很好地避免奸佞小人拿来说事。第二点是确保诗歌能被怀王接受，因为是采用的既有曲名，必然会引起大家的注意，如果写得好的话，也自然会得到怀王的赏识。那么，他在诗中所想要传达的意思，怀王自然也就能够接收到了。

虽然屈原身处大自然中，身心十分放松，但是写作时触及自身遭遇，也难免有忧思困苦之情流露出来。尽管他一直用香草、兰花、碧水、甘露等做掩饰，但是人们读了他写的诗歌，仍会感受到他对现实的极大不满，以及对未来的美好憧憬。

屈原是一个内心正直高洁的人，也是一个注重仪表的佳士。他用内外兼修的美，引出自己对“美政”思想的向往。他推崇尧舜时期有德贤君的作为，向往贤臣得明君尊敬而辅之的待遇。他抨击桀纣的无道，感伤忠臣遭弃的无奈。他在诗中明确强调“举贤任能”的重要性，希望君王与朝臣能够引以为鉴。

在《离骚》中，屈原还将“以法治国”的主张诠释得清清楚楚，并暗示楚国君臣之所以蒙昧不明，人民之所以多灾多难，均是“背法度而心治”所造成的。这一点是向楚王以及民众强调在楚国推行法治的重要性，也进一步指出朝中那些阻碍宪令推行的朝臣有多么愚钝昏庸。

“长太息以掩涕兮，哀民生之多艰。”直接表达了屈原爱国忧民的思想，是《离骚》诗中的精华部分，更是其对全诗中心思想的明确表达。屈原热爱楚国，热爱人民，不论是他身居庙堂，还是惨遭流放，都始终不忘楚国的兴亡。

《离骚》可以说是屈原命运坎坷的写照，是他惨遭放逐之后有感而发的产物。在诗中，人们可以读出他对自身现状的无奈，读出他理想抱负的远大，读出他忧国忧民的情思，唯独读不出他对怀王的怨恨。他想要以诗吸引怀王注意的出发点，并不是希望怀王回心转意之后召他回宫，重掌大权，然后享受荣华富贵，而是希望怀王能悔过，能为楚国的前途、百姓的安危重新振作。

究竟《离骚》能不能达到屈原预期的效果暂且不说，单说屈原在它的立意、主旨、内容、风格、体裁等方面的构思，也足以令人们充满期待。

第二节 满怀忧思述生平

确定了长诗《离骚》的大方向之后，屈原便着手开始写作了。因为要将本诗写成内容完整、包罗万象的长诗，所以他考虑从细微之处写起。因而，屈原首先叙写了他的生平：

帝高阳之苗裔兮，朕皇考曰伯庸。
摄提贞于孟陬兮，惟庚寅吾以降。
皇览揆余于初度兮，肇锡余以嘉名：
名余曰正则兮，字余曰灵均。
纷吾既有此内美兮，又重之以修能。
扈江离与辟芷兮，纫秋兰以为佩。
汩余若将不及兮，恐年岁之不吾与。
朝搴阰之木兰兮，夕揽洲之宿莽。
日月忽其不淹兮，春与秋其代序。

惟草木之零落兮，恐美人之迟暮。

不抚壮而弃秽兮，何不改乎此度？

乘骐骥以驰骋兮，来吾道夫先路！

从这一节诗中，人们不难看出它自传叙事性的写作手法，其中既有大量的现实描写，又有通过想象而渗入的神话因素。诗中所写从大体上看是屈原的生平经历，但是也有一些非真实的生活经历的叙写，是屈原的主观想象。这充分体现了屈原的浪漫主义创作风格，人们理解时可从它的“情”着手，而不一定要纠结于它的“实”。

屈原的这段生平经历，主要是说明他身份的尊贵，是黄帝高阳氏的后代，父亲叫作伯庸。屈原是寅年寅月寅日出生的，正所谓“天开于子，地辟于丑，人生于寅”，所以说他出生在一个千载难逢的好时日。因为这天地人合一的好时日，他的父亲便给他取名为“平”，字“原”。“平”寓意公正无私，“原”寓意均调万物。有了这上天赐予的“内美”，屈原还不忘修养自己的品德以及增强自己的才干。然后，他又将自己的形象描写了一下，他以兰花香草做饰物，腰间还佩有代表人品高尚的白玉。接着他又感叹时光飞逝，年华很快衰老，鼓励人们在年轻时摈弃污秽，改变恶习，勤勉修行。还说自己要做先导，为大家树立榜工样。从这一段生平来看，屈原的心情是明艳欢快的，这为以下几节的叙写作了铺垫，采用的是先扬后抑的写法。

在第二节中，屈原抒发了他的理想和壮志，以及自己的生平遭遇：

昔三后之纯粹兮，固众芳之所在。

杂申椒与菌桂兮，岂惟纫夫蕙茝！

彼尧舜之耿介兮，既遵道而得路。

何桀纣之猖披兮，夫唯捷径以窘步。

惟夫党人之偷乐兮，路幽昧以险隘。

岂余身之惮殃兮，恐皇舆之败绩！

忽奔走以先后兮，及前王之踵武。

荃不察余之中情兮，反信谗而齌怒。

余固知謇謇之为患兮，忍而不能舍也。

指九天以为正兮，夫惟灵修之故也。

初既与余成言兮，后悔遁而有他。

余既不难夫离别兮，伤灵修之数化。

首先，屈原先写楚国当年的先君们德行完美，公正无私，所以许多贤臣都集聚在他们身边。如果君王能如尧舜那样坦荡正直，那么国家就会走向坦途，但是要是如桀纣那样残暴邪恶的话，那么国家迟早要灭亡。然后就是写自己在楚国为官时的感悟："惟夫党人之偷乐兮，路幽昧以险隘。岂余身之惮殃兮，恐皇舆之败绩。"那些结党营私的朝臣只顾贪图享乐，其下场必然可悲。而我主张改革变法、联齐抗秦，不是害怕自己遭受什么灾祸才这样做，而是担心楚国的前途和命运。然后就是写自己在楚国先被重用后被谗害的遭遇，这时的屈原在描写生平时，心中已满怀忧思，基调比第一节有了很大转变。其中，还有对怀王中途改变心志，没有主见的忧伤抱怨。

第三节是写他在身为三闾大夫时，为避免楚国走向衰亡而做的努力。他不停地向怀王直言进谏，但是怀王都置之不理。他试过很多办法，都于事无补。后来，他将自己的希望寄托在楚国的下一代上，将自己的理想抱负都毫不保留地讲给他们听，希望将他们培养成与自己一样心系楚国、心忧百姓的人。可是，这些人在后来的成长中慢慢地在“众皆竞进以贪婪”的环境中被污染，变得利欲熏心而又贪得无厌，整日只会钩心斗角，玩弄权术，成了屈原最憎恶的那种人。对此，屈原痛心疾首，失望不已。

后来，屈原在见惯这群人的嘴脸之后，反而变得更加清醒，更加注重自己的品德与节操了。他想向古代圣先贤学习，学习那些与世俗中丑陋相反的东西。慢慢地，他觉得自己已经无法与那些贪婪之人相处了。如今，屈原已被流放到了汉北，虽然他在此地非常孤寂困苦，可是他的心是超然的，没有任何人任何事可以玷污。

综观整首诗歌，可以看出屈原是围绕着自己的生平来抒发他在人生各个阶段的感悟的。从这些感悟中，人们可以读出他的美好德行，读出他的忧伤无奈，以及他永不放弃的坚持。正如他自己说的那样：“路漫漫其修远兮，吾将上下而求索。”

屈原是一个才华横溢，口才一流的大诗人，他能将跌宕起伏的生平写得如小河流水般顺畅，对令自己痛心苦闷的日子也能平心静气地娓娓道来。而且，人们在读的时候不仅能跟着他的情感基调走，而且还能与自身遭遇、理想抱负等进行对比，从而引发深思。因此，可以毫不夸张地说，屈原是众多自述生平名人中的高手。

其实，屈原在自述生平的时候，没有重点介绍自己被怀王重用，主持变法改革，执掌内政外交的光辉事迹，他唯一引以为傲的只有自己“帝高阳之苗裔兮”的身份。写到自己在朝中意气风发，也不过是拿来和自己如今惨状的对比。这样充满忧思的叙述生平，比那些仅摘取两三件大事件来重点叙写更有完整性和故事性，也能给人更多的思考和遐想。事实上，屈原的一生并没有太多可歌可泣的内容，但是发生在他身上的每件小事都足以让人钦佩不已。

第三节 诉不尽忠怨之情

司马迁曾在史记中写道："屈平之作《离骚》，盖自怨生也。"他的这种"怨"，不是怨恨的"怨"，而是一种因尽忠而被误的"忠怨"。这种忠怨是屈原创作诗篇的动力，也是《离骚》最基本的感情基调。

众所周知，屈原是为了振兴邦国才推行变法改革，实行"美政"，过程中他可谓废寝忘食，竭忠尽智。但是他"信而见疑，忠而被谤"，一片赤忠之心，却得不到理解，后遭谗被弃。他满腔凌云之志，欲振兴楚国，使百姓安居乐业，可无论他怎么努力，却始终唤不醒昏庸的君王，眼看着楚国被强秦哄骗，损兵折地，马上就要陷入国破家亡悲剧，可自己却竟被疏离流放，救国无门。对于一位"博闻强志，明于治乱"的政治家，一位刚正不阿、忧国忧民的爱国志士来说，面对此种遭遇怎能不生怨？

是啊，作为一个"忠而被谤"，因爱国变法而获罪，眼看国家就要濒临灭亡，却爱莫能助的人，激怨之情必然十分深厚！所以，屈原的感情便如山洪暴发，滚滚直下，铸就了这篇积忿幽深、催人肝胆、撼人心魄的长篇诗作——

《离骚》。

在诗中，屈原尽情抒发内心的积怨，大胆指责怀王道："余既不难夫离别兮，伤灵修之数化。"我伤心的不是我们君臣将要离别，而是你不守信用，辜负了我的一番心血。最后，他还在诗尾伤心欲绝地写道："既莫足与为美政兮，吾将从彭咸之所居！"既然不能一同完成我们昔日的理想、推行正确的政行，那么我将像殷朝直言进谏的贤臣彭咸那样，投水而死！

从整首诗来看，屈原对怀王的积怨很深，甚至想到了以死明志。屈原是忠贞的，更是刚烈的，他对待楚国和怀王的忠心让人不觉肃然起敬。所以，要想真正理解屈原在《离骚》一诗中表达的感情，忠怨之情确实可作为全诗的一条主线。

《离骚》一诗从整体结构来看，可以分为两大部分。第一部分是从开篇到"虽体解吾犹未变兮，岂余心之可惩"，主要是写屈原忠心报国、洁身自好所遭遇的矛盾和不公正的待遇，将其与楚国黑暗势力的冲突表现得淋漓尽致；第二部分则是从"女媭之婵媛兮，申申其詈予"到诗篇结尾，主要写屈原被奸人谗害后，不言放弃的精神和由此引发的内心冲突，以及最后的抉择。掌握了《离骚》这一结构层次，对屈原诉说忠怨之情的内容也就不难理解了。

在《离骚》开篇，屈原先庄重而自矜地介绍了自己高贵的出身、奇异的生辰，还有父亲因对自己抱有极大的期望而赐予的"美名"。在这里，他强调自己与楚王同宗共祖的出身，是想表明他对楚国兴衰肩负有义不容辞的责任，同时也点明了他至死不离开楚国的原因。而他强调父亲为他起的名字，则是为了指出正则，是正道直行，严于律己的意思。灵均，是禀赋良善，公平公正的意思。以此表明自己一生所信奉的德行和品质，为自己忠而不去埋下伏笔。接着，屈原诉说自己非常重视修身养性，增强自身才干，从而表达了自己献身君国的愿望。

诗中屈原用“汩余若将不及兮，恐年岁之不吾与”来表达自己不能尽忠职守的担忧。他主要是担心时光飞逝，时不我待，没等自己有所作为就老了。因此他便在“内美”的基础上“重之以修能”，抓住一切时间来充实和提高自己，以不负日后君王的重用。然后又用“日月忽其不淹兮，春与秋其代序。惟草木之零落兮，恐美人之迟暮”来表达对怀王的担忧。他担心楚王再不抓紧时间勤于政务，楚国的前途就令人担忧了。因而，他劝导楚王“抚壮而弃秽”，自己愿做他的先导，希望日益衰败的楚国重新振兴。屈原的这两种担忧，充分体现了他忠心为国为君的爱国心。

因而，屈原便开始尽心竭力地主持变法改革，倾尽全力促成六国结盟。“岂余身之惮殃兮，恐皇舆之败绩。忽奔走以先后兮，及前王之踵武。”屈原说他这样做不是为了自己能够受到君王的赏识以及别国君王的尊敬，更不是害怕自己因楚国的衰亡而遭受祸患，仅仅是出于对楚国的热爱和对怀王的忠心。可是，屈原的这番赤胆忠心并没有得到怀王的理解。相反，他一系列的富国强兵的措施却触犯了守旧贵族的利益，从而招来了他们残酷的打击和迫害。

屈原在《离骚》一诗中为大家展现的是楚国社会令人窒息的黑暗，还有怀王令人可恼可气的行径。“荃不察余之中情兮，反信谗而齌怒”，表明楚王昏庸不察，信谗毫无主见。不仅如此，他还“初既与余成言兮，后悔遁而有他。”可谓反复无常，令人难以相信。事实上，屈原所生活的时期，因怀王不善于处理内政，外又有强秦压境，楚国已处于岌岌可危的地步。因而黑暗的现实才造就了屈原悲惨的遭遇，可见其忠而被弃是楚国历史发展的必然结果。

屈原的忠怨之情是诉不尽的，他满腹的委屈最终的归处也不过是自己早已打算好了的——随身葬入江中。由此可见，屈原所抒发的忠怨，落脚点归根结底还是落在了“忠”上。忠于楚国、忠于怀王、忠于人民，这“三忠”是屈原摆脱不掉的宿命。他的“怨”事实上就如同深爱着丈夫的妻子怨恨丈夫不忠，但是迟早还是会原谅他一样；也如同父母爱孩子，怒其不争，可是又不忍心将其撇下不管，还是会为他闯的祸收拾残局。因而，屈原的这种“忠怨”，不过是发发牢骚而已，并不见得是真的义愤填膺地指责怀王，他最终也只能是折磨自己。

第四节 虽九死而犹未悔

经受着各种煎熬与折磨的屈原，内心必然是强大的，否则他不会在惨遭流放之后仍然能保持头脑清醒，从而创作出《离骚》这一鸿篇巨作。可是，屈原的内心究竟强大到何种地步呢？真的能在不断遭受迫害，不断被楚王抛弃之后仍能保持他那颗为国为民的爱国心吗？

答案是肯定的。因为在诗中屈原反复地诉说着自己对理想、信念和人格操守至死不悔的决心："亦余心之所善兮，虽九死其犹未悔"，"宁溘死以流亡兮，余不忍为此态也"，"民生各有所乐兮，余独好修以为常。虽体解吾犹未变兮，岂余心之可惩？"这些掷地有声的诗句，是屈原想要誓死坚持自己的理想与信念及人格清白的证明。

现实的黑暗，报国无门的苦闷，一直是折磨屈原的噩梦。每一次从梦中惊醒，屈原总要问自己这样坚持着心中的理想，坚守着为楚国安危出谋划策的做法是否值得。可每次他想要放弃的时候，内心里总会有一个声音鼓励他继续前行。于是，为了缓解愁苦，他便将自己在现实中无法实现的理想安插在幻想里，这个幻想就是他所作的诗歌。而《离骚》就是那个承载他最多理想和不满的梦幻家园。

虽然如此，但是进入诗歌这个梦幻家园之前的挣扎还是不可避免的。屈原与常人一样，在遭遇不公正待遇的极端痛苦中，他的内心也会充满激烈的矛盾。在自己的理想不被理解、而且无法为楚国的前途尽一分力量的时候，他也会反复问自己：到底还应不应该坚持自己的原则和永不反悔的态度？在被自己的祖国和君王抛弃的情况下，到底应不应该离开国家，到他国寻求明主，以展示自己积蓄半生的才华？面对内心的这些疑问，屈原经过一段时间的挣扎和思考，最终得出答案——将它们写在诗歌中，交给诗歌中想象出来的人物来回答。这些人物如女嬃、巫咸、灵氛等，其实都是由屈原性格中的各个面所构成的一个缩影。由此，屈原便把自己的内心冲突和抉择形象化了，从而向人们展示出了一个经过无数历练洗涤，而最终更加纯洁无私的伟大灵魂。

在诗中，屈原借虚构的女嬃之口说出："婞直以亡身"的历史悲剧，来规劝他放弃执守，随波逐流。这一规劝，与诗人一直坚守的做人准则是相违背的，更是对诗人过往生活的全盘否定。这其实是屈原内心一个激烈的冲突，该如何解决才能彻底打消这个念头？这需要屈原反复总结历史经验，找出最具说服力的例子来做出公正选择。于是，他便想出了用"就重华而陈词"来为自己找理由，通过回顾夏、商、周历代的兴衰史，搜寻前朝那些为正义而斗争不息的志士的命运。这一过程，其实就是一个自我说服，坚定自我的过程，也是一个向历代先贤学习致敬的过程。有了这一过程，屈原不仅可以摆脱动摇的念头，还能对自己所坚持的东西更加充满激情，因而高喊出："瞻前而顾后兮，相观民之计极。夫孰非义而可用兮，孰非善而可服？阽余身而危死兮，览余初其犹未悔。不量凿而正枘兮，固前修以菹醢。"是的，他回望过去，观省后代，再加上体察民情，没有发现哪个不义的人会被重用，哪些不善的事会被推行，所以他对自己最初的坚持从未后悔过……

摆脱这些消极的思想，屈原的内心恢复了往日的平和。于是，他带着自己新的坚持继续上路，去探索新的追求。正如他在诗中所写的那样，他要驾飞龙，历昆仑，渡白水，登阆风，游春宫，上叩天门，下求佚女，努力探求。事实上，他历尽千辛万苦所要探求的方法仍是为了唤醒怀王，挽救楚国，投身到自己的爱国事业中。不过，探寻之后仍是处处碰壁，因为他已战胜不了楚国的黑暗现实，遭遇的只有冷遇和嘲讽，因而他便重新陷入绝望的境地："怀朕情而不发兮，余焉能忍而与此终古！" 意思是屈原满怀着忠贞之情却又不能当面对怀王讲，只能忍受痛苦的折磨，直到老死。

由此可见，屈原已将自己的命运完全与祖国的命运连在一起。他精忠报国，但是却"方正而不容"。那么，怎样才能走出这种困境呢？从当时"楚才晋用"的风气，以及屈原的个人能力和现实处境来讲，只能是投奔他国，另择明君效力。但是面对着这条明摆着的出路，屈原还是有些犹豫不决，于是又"索藑茅以筳篿兮，命灵氛为余占之"。灵氛为他占卜的结果也是告诉他楚国已无他的安身之所，只有离开才能找到新的出路。可是，这个抉择对屈原来说太重大了，他下不了决心，内心的矛盾和挣扎变得更强烈了。

正在此时，屈原又听见了巫咸的劝说声："及年岁之未晏兮，时亦犹其未央。恐鹈鴂之先鸣兮，使夫百草为之不芳!" 同样劝他出走别国，而且还以历史上贤才投奔遇明主的事例，启发之。女媭的忠告，灵氛的劝说，巫咸的敦促，既是屈原自己心中忧虑的外在表现，也代表了当时世俗之人的见解，是左右屈原成就真我的两股相斥的力量。

可以说，这一系列的忠告与劝说，其实是屈原内心的自我斗争。若想将自己的思想意志考验得更加坚定，就得通过种种假设的诱惑。当然，屈原也假设了自己通不过这些诱惑的情景，就是自己听从了灵氛的劝告，决心离开楚国去远方，可是正当他驾飞龙，乘瑶车，伴随着《九歌》的音乐和《韶》中的舞蹈翱翔在九天中的时候，他突然看见了自己的故乡楚国，看着国家即将衰亡，看着百姓流离失所，屈原坚定的心又一次软化了。最后，屈原终于结束了这一系列的挣扎和矛盾，重新坚定了爱国的信心——我要留在楚国，与百姓共存亡！

是的，不管前途多么凶险，不管结局如何悲惨，屈原都不后悔自己的决定，“虽九死而犹未悔”最终成了他毕生最坚定的信条。因而，也就有了他为自己所设想的最坏打算——“既莫足与为美政兮，吾将从彭咸之所居。”这是一种大义凛然的态度，是一种慷慨赴死的豪情，值得百姓称赞，值得万世敬仰……

第五节 《离骚》一曲传千古

《离骚》是屈原毕生的心血之作，其中包含了他的身世、个人理想、人生遭遇、所思所感、最终归处等，是他用生命所谱写的篇章。它如日月经天，光照后世，更是我们中华民族宝贵的精神财富，必当涤荡千秋，万世永存。

《离骚》的价值，不仅仅止于屈原当初写给怀王时所考虑的影响，而是在历经千年锤炼之后愈发闪耀夺目。不管是古人还是今人，在读《离骚》时都同样会感受到一种惊心动魄的美，而且这种美令人仰之弥高，钻之弥坚，其境界不是一般诗歌所能达到的。因为它所拥有的众多魅力，都是其他诗歌难以比拟的魅力，这也是其之所以流传千古的原因所在。

《离骚》的第一点魅力，就是它思想立意的崇高美。认真通读整首诗篇，人们会发现屈原所表述的进步的政治理想，深厚的爱国主义情怀，庄严的历史使命感，以及悲壮的献身精神，构成了他无比崇高的人格及完美无瑕的形象。这种人格与形象，从某种程度上是不可能在一个人身上共存的，所以是人人向往和苦苦追求的。而屈原正是将这种不可能化为了可能，将自己高尚的追求，高洁的人格，坚贞的操守在诗中展现得淋漓尽致，将围绕在他身边的那些自私、贪婪、浑浊、奸邪的人们，衬托得更加渺小和卑微……这怎能不令人心生倾慕呢？

不过，屈原在诗中流露的这种崇高美，有一种曲高而和寡的韵味，而不是他引以为傲的吹捧。因为他的圣洁和高贵虽是傲岸的，但也是孤独而寂寞的。屈原通过《离骚》表露的这种无奈而悲伤的情感，历代文人都能体会得到。例如西汉大史学家司马迁，就曾在《史记》中写道：“余读《离骚》……悲其志。”而且他对屈原所持有的理想和坚持也抱有很高的评价：“推此志也，虽与日月争光可也。”著有《文心雕龙》的梁代刘勰也是对浑身闪耀着品格光辉的屈原赞不绝口：“不有屈原，岂见《离骚》？惊才风逸，壮志烟高。”近代大文豪鲁迅读罢《离骚》也说：“逸响伟辞，卓绝一世。”可见，从古至今的文人骚客对屈原品格和《离骚》的崇高美都持有同样的欣赏眼光。

《离骚》的第二点魅力，就是它慷慨激昂的悲壮美。了解屈原，我们会发现他虽然“博闻强志，明于治乱，娴于辞令”，有富国兴邦的理想，治国理乱的才能，企图通过变法改革使楚国走向富强。但是，这一切都抵不过楚国当时的黑暗力量，改革被反对，尽忠被谗害，从而导致了其被怀王流放、孤苦无依的悲惨遭遇。不过令人敬佩的是，屈原对自己的悲惨遭遇始终持有逆来顺受的态度，“虽九死其犹未悔”更是将他的这种态度升华到了一种悲壮的高度。之所以说《离骚》流露的是悲壮而不是悲哀，全都取决于屈原勇于承担的态度，即便是遭遇种种令人窒息的打压，他仍然义无反顾：“余固知謇謇之为患兮，忍而不能舍也。宁溘死以流亡兮，余不忍为此态也！虽体解吾犹未变兮，岂余心之可惩？”

世人皆知，“明知不可为而为之”是一种大勇，其实也是一种大愚。不是人人都会往这种“愚”中钻，但是一旦下定决心非钻不可，那么其悲壮气息便会弥漫九天！这就是屈原在诗中为人们呈现的悲壮。明知道自己坚持劝谏君王，坚持自己振兴楚国的理想会惨遭不幸，但是本着内心的良知，恪守着自己的做人准则，屈原还是选择将这种悲壮的斗争坚持到底。他怀揣着“美政”的理想，抱着“虽九死其犹未悔”的决心，在严酷的政治斗争和痛苦的自我挣扎中不断磨炼身心。最终屈原在《离骚》中设想自己因报国无门，楚国又遭遇亡国灭种的情况下自沉江中，结束了他壮丽而悲惨的一生。

不过，虽然屈原在诗末设想到了死，但是通读全诗，他的感情基调都是积极向上的。表现的都是正义战胜邪恶，庄严战胜猥琐，美战胜丑……而且他一直强调的“伏清白以死直”，“虽九死其犹未悔”中，刚毅激越的成分比悲惨赴死的成分要占的多，这是《离骚》整个基调中最难能可贵之处。因而，人们在读《离骚》时，虽然看到了“死”、“悲”、“孤寂”等消极的字眼，但是读出来时却是让人充满斗志的昂扬诗句，这是《离骚》一诗千年难解的神奇之处。

《离骚》的第三点魅力，就是它与众不同的独创性。屈原创作《离骚》的初衷，就是想要吸引怀王的注意使怀王在看到诗篇后能有所悔悟，从而实现自己继续为楚国、为百姓分忧解难的愿望。所以，这首《离骚》必定要有它的独到之处，才不会被湮没在楚国博大浩荡的诗海中。

所以屈原便如当初创作《九歌》那样，为《离骚》的创作费尽心思，在内容、风格、写法等方面下了很大功夫。最终，他决定摒弃当时《诗经》引领的那种写实的手法，而是采用虚实结合的浪漫主义写法，将自己炽热的感情与奇特的超现实想象结合起来，又将对现实的批判与历史的反思结合起来，在宇宙自然、人生经历、社会现实、历史故事和神话传说中综合取材，谱写了一篇恢宏壮丽的独特佳作。而且，屈原还在诗中采用比兴手法，用鲜花香草比喻自己美好的德行和节操，让人读起来觉得十分清丽。此外，他还将一首政治抒情诗借用男女情爱来表达，将自己对国家对怀王的忠心比作女子对恋人的忠诚，且将那种奇妙的心理刻画得细致入微，使人们读来感触颇深。这些都是屈原对中国诗歌的伟大探索，也是对创作形式的一种新的开拓，更是中国古代浪漫主义文学创作的典范。

在当时那个年代，虽然诗歌遍地，美文丛生，但是《离骚》一出，全部华章都黯然失色。因为《离骚》之美，美得内涵十足，毫不空洞。它是对现实的记录，更是超越现实的想象。因为立意深沉，内容广泛，所以哪怕历经千秋的洗礼，它也仍然能够让人读出不一样的新意，这是千百年之后众多诗歌都无法企及的奇妙之处。

第八章

千里伤心悲：怀王死于秦，免去大夫职

楚国所面临的危机一天比一天严重了，大有被秦国生吞活剥的迹象。怀王昏庸不明，不听屈原劝阻，执意听从子兰、靳尚等人的蛊惑，最终被囚于秦国，客死他乡。楚顷襄王即位后，屈原极力劝谏其联齐抗秦为父报仇，但终因子兰、靳尚陷害而使希望落空。最后，屈原被顷襄王免去三闾大夫之职，并且永远被赶出了郢都。

第一节 怀王的最终结局

公元前300年，齐、韩、魏等国对楚国发起了第二次讨伐，楚国损失惨重，亦无力还击。此时，怀王终于明白了齐楚联盟和六国合纵的重要性，所以决定将太子送往齐国做人质。考虑到楚国三番五次背叛齐国，怀王害怕求和会遭到拒绝，所以就想找一个得力人选与太子一同使齐。这个得力人选，想来想去也只有非两次使齐又深受齐王尊敬的屈原莫属，于是怀王连忙将屈原从汉北召回，命其亲自领着太子前往齐国。

怀王能够想到再次联齐抗秦，这自然令屈原非常欣慰，况且齐楚再次结盟也是一件对楚国极其有利的事。不过，齐楚结盟对抑制秦国已发挥不了太大的作用了。因为近几年秦国在秦昭王的努力下，国力兵力都有所增强，而且秦国在这几年中已将大批军队布置在楚的西、北两面边境上，楚国根本无力抵抗秦军的进攻。

公元前299年，秦国又发起了对楚国的进攻，夺取了楚国八座城池，对楚国构成了强大的军事威胁。此外，秦国还不忘对楚国施展政治攻势，趁着这次进攻的猛烈势头又预谋了一场政治讹诈——

秦昭王向怀王修书一封，说："寡人曾与大王订立盟约，建立兄弟之谊。不曾想大王的太子却残忍地杀害了我秦国重臣，逃回楚国。本来我想着大王会送太子前来谢罪，我顾念着兄弟之谊也就不将此事放在心里。但是没想到大王非但没有这么做，反而还将太子送往齐国为质子，真是太令人气恼了！寡人本想着对楚国重兵严惩，但是又念及你我兄弟之情，加之又有婚姻之谊，所以为了两国百姓还有双方子女考虑，寡人还是决定与大王化干戈为玉帛。所以这次写信来邀请大王来武关（今陕西商县东）赴会，共同商量恢复两国往日友好关系的大事……"

读罢秦昭王的这封信，怀王一筹莫展，不知道到底该怎么办。答应赴会吧，就害怕再次被欺骗，因为秦国素来不讲信用，想当年张仪欺楚就是最好的例子。但是不赴会吧，他又害怕惹怒了秦昭王，从而为楚国招来更大的祸患。怀王在这去与不去之间来回思量，几日下来茶饭不思，人也消瘦了不少。

见怀王对赴会一事犹豫不决，大夫靳尚和怀王幼子子兰便想趁机从旁怂恿。这两人虽然都赞成怀王赴会，不过却各怀居心。靳尚赞成赴会是因为他早就暗自投靠了秦国，怂恿赴会是为了向秦王邀功领赏。而子兰赞成怀王赴会，一是因为他娶的妻子是秦国王室之女，有亲附秦王之心；二是想趁着太子在齐国做质子，将父王送到秦王手中，自己好在楚国一手遮天，按照母后郑袖的意思谋国篡位。于是，这两人打着各自的如意算盘，天天结伴到怀王面前说赴会的好处，怂恿怀王答应邀请。怀王本来就耳根子软，缺乏主见，怎么经得起这两人的软磨硬泡，于是便答应了秦国的邀请。

屈原听到这个消息之后，感到十分震惊。因为以他对怀王的了解，怀王综合考虑过秦国种种不信言行后肯定会拒绝赴约的，可是怀王为什么会答应呢？

想到这里，屈原再也坐不住了，他不顾怀王禁止他参政的禁令，心急如焚地闯入宫中。一进宫门，屈原便看见了准备启程赴会的仪仗，庆幸道："还好来得及劝说怀王。"于是，他赶紧三步并作两步，挤过人群来到了怀王跟前。他没等怀王询问自己为什么到这里来，便"扑通"一声跪倒在地，语气急促地说道："大王，臣对您此次赴秦王约有话要说，望大王听完再行定夺。秦国乃虎狼之国，阴险狡诈，从无信用可言，楚国就曾屡上其当。近年来，秦国不断兴兵侵楚，践踏我国土，杀戮我士卒，蹂躏我百姓，与我们楚国有不共戴天之仇，楚国岂可再与之为伍？如今的武关之约，分明就是个陷阱，肯定又是骗大王割地送城。大王既已到了秦国的地盘，如果说不答应，料想暴秦必定不会罢休。微臣恐怕大王此去是自投罗网，凶多吉少。所以，臣恳请大王千万不要去赴约……"

这时，刚刚赶来的昭雎也连忙附和屈原的话，规劝怀王道："三闾大夫所言极是，大王还是不要到武关赴会的好。微臣认为最好的处理办法就是火速派兵驻守秦楚边境，以确保楚国安全！"

怀王觉得屈原和昭雎二人说的话十分在理，于是便又犹豫起来。站在一旁的靳尚和子兰唯恐怀王又临时变卦，便互相使个眼色，准备扰乱怀王的思考。于是靳尚先怪声怪调地开了口，他说："大王，微臣认为三闾大夫所言不妥。楚国近年来连吃败仗，失去大批国土，不是因为秦国贪婪残暴，而是因为楚国确实有得罪秦国的地方。如今秦国在战争中占了上风，不但没有恃强凌弱，还主动修书求和，可谓是不计前嫌，宽宏大量，大王千万不要错失这次缓和双方关系的机会啊！而且，依臣之见，大王此去还应顺着秦王的意思，这样才可保我楚国太平，免遭战乱。"

子兰见怀王又有些动摇，连忙乘胜追击地说道："靳大夫说得没错，楚秦本来就是婚姻之国，兼有兄弟之谊，秦王岂会对父王不利？父王千万不要被他人蛊惑，错失了重修楚秦关系的大好时机!"

这时的怀王，已经被双方意见弄得头疼不已。他当然知道屈原说的有道理，但是考虑到不去赴会将会给楚国带来更大的灾难，他最终还是决定听从靳尚和子兰的话去赌一把，能够与秦国重修旧好自然比连年征战更好。

屈原见无法劝动怀王，内心突然隐隐作痛起来，仿佛有什么重要的东西被从身体中抽离了似的。屈原久久伫立在宫门，看着怀王绝尘而去的仪仗队，泪水不知何时竟模糊了视线……

公元前298年，怀王一到武关，便被驻守在那里的秦军绑架，押到了咸阳。这时怀王才发现上了当，不过为时已晚。到了咸阳，怀王便被秦昭王囚禁了起来。秦昭王要挟他割地，他不答应，秦国便不放他归国。而且，秦昭王发兵攻楚，楚军大败，被秦军夺去取析等十五座城池。

公元前297年，楚怀王设法逃出虎口，秦王发现后，立马派人在楚道拦截。怀王害怕被抓回，便辗转逃到赵国，赵国害怕得罪于秦，拒绝收留怀王。怀王就又去投奔魏国，不料中途被秦兵抓到，又被囚到了秦国。之后怀王便郁郁寡欢，最终患病，于公元前296年死在了秦国，后归葬于楚。至此，秦楚两国断交。

第二节 放逐江南遭流放

国不可一日无君，家不可一日无主。当初怀王被囚禁于秦国时，楚国朝中诸位大臣便商议另立新君，以期摆脱秦国的要挟。当时朝中有两股势力，一股势力拥护正统继承者——当时还在齐国做人质的太子熊横，一股势力拥护在朝中结党营私的怀王幼子子兰。自古以来，正统继承者继承王位，顺理成章，自然得到更多的拥护和支持。而想要篡权夺位的人，首先在情理上不好立足，所以拥护者比较少。面对这种情况，子兰、郑袖、靳尚等人便勾结在一起，开始了见不得人的密谋活动。

这天夜里，郑袖约子兰和靳尚到自己寝宫，商谈如何提出让子兰继位才能在朝中服众。靳尚是个机灵人，脑子一转就是大把大把的主意。他对郑袖母子说道：“眼下就是争夺王位的最佳时期，怀王被秦国扣留，回来的可能性很小，而太子又被质于齐，一时半会儿也回不来。我们只要抓住这两点，将楚国的现状与众大臣说得惨一点，更重要的是要与朝中权贵串通一气，许给他们一些好处，那么拥护我们的人自然就多了。”听完靳尚的话，母子二人觉得十分有理，便命靳尚在第二天早朝时提出立子兰为王的事。

第二天早朝，当靳尚向文武百官提出这一想法后。那些平日里与郑袖、子兰勾结的大臣便纷纷附和，同意立子兰为楚王。而那些拥护太子的正义朝臣，虽然对这一主张非常不满，但慑于郑袖母子的淫威，并不敢说太多反对之词，只是稍稍提出几点疑问罢了。这时，昭睢看不下去了，便挺身而出提出反对意见："这实在是太荒唐了，怀王与众大臣早已议定熊横为太子，他才是我们楚国王位的合法继承人。他现在虽然被质于齐，但也是为了齐楚两国交好。太子品行俱佳，无罪无错，岂能无端被更换？这于公于理，于法于情都说不过去。如果非要强行更换太子，那么很难令天下人臣服，而且太子知道了也会求齐国发兵回来争夺天下。到那时候，楚国就真的陷入内忧外患之中了。"

听了昭睢的话，文武百官议论纷纷，接着越来越多的人站出来反对改立太子。靳尚见难以服众，心中酝酿的那番话也就生生烂在了肚子里。况且，昭睢所任令尹之职，掌握着楚国的军政大权，有着至高无上的权力，怀王不在很多事情都由他主持。这件事上，靳尚是斗不过他的，所以便只好听从昭睢的安排。昭睢建议由他亲自赴齐，接回太子继承王位，以稳定楚国社稷。太子熊横被接回楚国之后，立即继位，称顷襄王。

因为昭睢的强烈反对，靳尚等人的阴谋没有得逞，但是他们把这归罪到了屈原的头上。因为他们知道屈原一直与昭睢过从甚密，昭睢曾为怀王出过的许多主意其实都是屈原拜托的。这次昭睢在朝堂上力排众议，那口气那措辞完全跟屈原一个样子，不是屈原教唆才怪！于是，靳尚一伙对屈原的仇怨越来越深了，并商议伺机将其清除。

靳尚一伙果然是无耻小人，专干一些颠倒是非黑白的恶事。他们害怕初继王位的顷襄王了解到当日改立太子一事，便采取恶人先告状的措施，在顷襄王面前胡说八道。说什么昭睢、屈原等人想要拥立子兰为王，但是子兰顾念兄弟之情，坚决拒绝，昭睢等人无法才被迫到齐国将顷襄王接回。顷襄王与怀王一样，都是闭目塞听、听信谗言的君主，于是将昭睢的令尹之职罢黜，改换子兰为令尹。

后来，怀王死在了秦国，这引起了楚国百姓对秦国的极大愤慨，纷纷发声请求顷襄王替父报仇。不过，以楚国当时之力攻打强秦无异于天方夜谭。于是，百姓便将积恨转移在了怂恿怀王赴秦的令尹子兰身上。因为当时楚国没有多少肯说真话得罪子兰的大臣，所以百姓便把希望寄托在一直为民请命的好官屈原身上，他们纷纷请求屈原向顷襄王表达追究子兰责任的心愿。屈原本来就痛恨子兰等人的所作所为，因而便爽快地答应了百姓的请求。他作诗狠狠讽刺和咒骂子兰、靳尚等人，说他们是害群之马，楚之蛀虫。

可是，顷襄王真的能为父报仇，清除子兰、靳尚等害群之马吗？刚刚得知怀王死讯之后，他也确实推行过一段时间的联齐抗秦政策。不过最终他还是没有经受住奸佞小人的蛊惑，竟认贼作父，当了秦王的女婿。这令屈原痛心疾首，他希望顷襄王能意志坚定，牢记国耻家仇，果断与秦国断交。不要整日被小人蛊惑，要学会辨别是非，亲贤臣远小人，励精图治，振兴楚国！他将这些写入奏章之中，还详细分析了顷襄王近几年来所施行的政策，同时也揭露了子兰、靳尚等人的种种恶行。不过屈原的这些奏章并没有被送到顷襄王手中，而是落在了子兰手里，子兰看后气得咬牙切齿。再加上听说屈原在民间作诗讽刺和揭露自己的罪行，诗歌已被广为流传，很快就要传到顷襄王耳中了。这使子兰深感恐惧，觉得再也容不下屈原了，决心立即采取行动，将屈原彻底清除出朝野。

子兰很快与靳尚达成一致，决定在顷襄王面前编排屈原。他们从民间搜集了许多屈原写的诗歌，断章取义地摘取一些对朝政和顷襄王的看法，还把屈原奏折中写的有关评价顷襄王政策的内容摘录出来，整理好拿给顷襄王看。而且靳尚还在旁边添油加醋地说道："屈原自恃是楚国王族，一直对怀王将其降为三闾大夫一事怀有愤恨，现在又借机攻击大王，还说大王认贼作父，卖国求荣，不忠不孝，根本不配做楚国的国君……"

顷襄王听完立马恼火了，也不看屈原奏章到底怎么写的便拍案而起，怒骂屈原："好一个狂妄之徒，真是胆大包天，不惩此人，难消寡人心头之恨！"于是，公元前296年，顷襄王下旨革去屈原三闾大夫之职，并将其放逐到江南荒蛮之地，无王命宣召，永远不得再踏入郢都半步！

第三节 失魂落魄离郢都

接二连三的被陷害、被放逐，使屈原的内心对楚国君王失望到了极点，对那些奸佞小人也憎恨到了极点。楚国正处于危急存亡之时，国君仍旧昏庸不明，屈原不知道他走后楚国会遭遇怎样的罹患，百姓将如何在这水深火热的环境中生存……即将被赶出郢都的屈原，脑海里想的只有这些，丝毫没有为自己考虑。

盛怒之下，顷襄王只给了屈原一天的时间准备离京。屈原在接到流放江南的通知后，没有丝毫意外之感，他知道顷襄王已被子兰、靳尚等人迷惑至深，所以在写奏章之前就已猜想到了最坏的结局，大不了就是一死。想到这里，屈原苦笑一声，说道：“哼，流放？还不算是太坏的结局嘛……”

这时的屈原，内心好像平静了很多，他不再坐立不安地等待顷襄王对奏章的回应了，也不再担心自己所写的那些揭露子兰罪行的诗歌还有哪些不足的地方了。因为一封放逐的诏书，将他一切的担心忧虑都抹除了。是的，顷襄王看过了奏章还依然下诏将其革职，这就是他对奏章的回应。子兰等人又在君王面前进谗言了，说明那些诗文写得还不错，因为子兰他们恐慌了。

然后，内心平静的屈原，又仔细回顾了一下自己这半生的所作所为。回顾每一件事情时，屈原都是那么认真仔细，唯恐漏掉一个细节而影响自己反思的效果。最后，他确定自己对半生所做之事全部都问心无愧，没有什么好遗憾的。所以，他决定继续坚持自己的理想和抱负，守着楚国，守着百姓，绝对不去做那变节投敌的事情，也绝对不会去与贪婪小人同流合污。因而，屈原在收拾行装时内心异常平静，动作飞快，没有丝毫拖沓。虽然是被顷襄王赶出郢都，但是他却有一种鸟儿被放归森林的心情，好像这个龌龊黑暗的地方从来就不属于自己。

行装收拾妥当，屈原又仔细检查了一遍，才安心地将其放置在一旁。身边那些看他收拾行装的家仆、故交，看着那一个小小的包袱和一些书箱，都露出了难以置信的表情——这就是官居左徒又做过三闾大夫的屈原的全部家当吗？就只有几件简单的随身衣物，还有那个比来时满当了些的书箱，没有一点金银财宝？看到这里，在场的人忽然痛哭起来，这就是为民请命，为国分忧，为天下统一操劳一生，又不明不白被陷害而遭流放的大忠臣屈原的下场吗？想到这里，人群中忽然有人愤怒了，他大声喊道："三闾大夫，这对你太不公平了，这不是一个忠臣、一个清官应该遭受的待遇。楚国对不起你，楚国百姓也有愧于你啊!"

屈原听罢，摆摆手平静地说道："我不求荣华富贵，高官厚禄，但求无愧于心。我一直竭尽自己所能，为楚国和百姓谋福，如今我没有什么能力再为楚国和百姓做事了，希望有后来人能接替我继续前行。"听完屈原这番话，在场之人无不唏嘘感叹，多希望上天能发发慈悲，点醒那个糊涂的君王，好让这个为国为民的大人能够留下来。

这天夜里，屈原像往常一样步出房门到院外欣赏夜景。不过，今晚的他较往常相比情绪有些低落。虽然明天他就要离开这龌龊的伤心地，从此不会再遭遇君王的怀疑和谗臣的陷害。可毕竟这郢都的夜色他看了好长时间，明日一去不知何时才能再回来欣赏。这天夜里，屈原将自己的小院落走了个遍，跟自己所有熟悉的东西告别，包括坐过的亭中石凳，用过的杯盏茶具，栽培过的花花草草……这样一个怀旧念情的人，明日一走真的就能抛下一切烦恼，不再管郢都的是是非非吗？

第二天五更不到，屈原的家仆便起床置备起了车马，或许他跟屈原一样也因为要离开郢都而睡不着觉。他刚一推开院门，就被眼前的景象惊呆了——眼前乌泱泱全是人，约莫有数千人，他们有男有女，有老有少，既有平民百姓，又有平日里敬佩屈原为人的缙绅大夫……有的手捧鲜花香草，有的怀揣着热气腾腾的美食，有的秉烛焚香，有的痛哭流涕，还有的跪在地上不停地磕着头……看到这样壮观的场面，家仆惊得说不出一句话来，赶紧边跑边喊转身回屋去请屈原出来。

屈原走出院门，人们见他面容憔悴，两眼乌黑，肯定是昨晚一宿没睡。屈原望向黑暗中尚辨不清脸面的众人，忽然热泪盈眶。他声音颤抖地问向众人：“大家这是来给屈某送行的吗？使不得，万万使不得，大家还是快快回家去吧……”

这时，百姓们忽然齐声大哭起来，在哭声中屈原隐约听见有人说：“三闾大夫，我们舍不得您啊，您走了，谁还为我们主持公道，谁还为我们鸣冤叫屈啊……”“是啊，三闾大夫是个为民请命的好官，可是好人没好报啊，我们楚国百姓真正的好官就要走了呀……”“楚王真是太糊涂了，竟然会听信子兰的话赶走三闾大夫，太可气了……”

屈原听罢，感动得热泪纵横，急忙向众人施礼道：“大家切莫悲伤抱怨，屈原承受不起啊！”然后他走入人群，一一安慰大家，希望大家不要太过悲伤，并鼓励大家团结一心，帮助楚国早日渡过难关。可是大家只顾悲伤呜咽，哪里听得进去他的话。屈原无奈，只好“扑通”一声跪倒在地，请求大家控制情绪，不要为自己难过，要保重身体。百姓们见屈原这般模样，都连忙止住哭腔，转而纷纷劝慰起了屈原来。他们上前将屈原扶起，为这位爱整洁的大人拍拍身上的土，整理好衣冠。然后便是对屈原嘘寒问暖，安慰嘱托。

大家这样你一言我一语地说着话，不知不觉天已经大亮。这时，屈原的仆人忽然走到他的面前说道：“先生，车马已经备好多时了，我们该出发了，不能再耽搁了，免得怀王怪罪……”屈原听罢，微微点头，而他身边的百姓则又一次陷入悲痛，围着屈原大哭了起来。

好不容易从人群中脱身，屈原来到马车前，看着身后的庭院和面前的百姓，他忽然又有些犹豫了，心想：“我现在就要离开郢都了，好像是在做梦一样。看着哭声震天的百姓，想想楚国如今的惨状，料想百姓们以后的日子肯定不好过，我多想留下来为君王分忧、为百姓谋福啊……”不过圣命难违，不管屈原心中多么不舍，也不管百姓挽留的呼声多么高涨，都改变不了屈原要离开郢都的事实。

屈原坐着马车走了，走得失魂落魄，走得忧心忡忡……可是心却永远留了下来，留在了千疮百孔的楚国，留在了表面繁华实则空虚的郢都，留在了正在遭受祸患的百姓身上。

第四节 魂兮归来哀江南

不知马车在奔赴江南的途中走了多久，屈原的魂魄才从郢都送别的百姓身边回归到自己身上。他只知道马车来到一个高岗上时，家仆向他请示在此歇息一下。这时，屈原才猛然惊醒，自己已踏入江南地界了。

下车后，屈原站在高岗上向四处张望，看到的是崎岖不平的山路和稀稀落落的茅屋。屈原被眼前的景象震住了，想不到曾经繁华一时的楚国，到如今还有这般满目疮痍的地方。忽然，屈原有种想要放声大哭的感觉，他是在为生活在此地的百姓们哀伤。从小深入民间，见惯了百姓疾苦，所以他可以想象这里的人们是如何艰难度日的。

屈原想到这里，忽然觉得天暗了下来，原来是变天了，看来是要下雨了。屈原连忙命仆人赶车，他们要在大雨降落之前找到住宿的地方。不过江南的雨来得快，他们才下山岗就被倾盆而下的大雨淋成了落汤鸡。既然已经淋了雨了，他们也就不再急着赶路了，而是驾着马车慢慢搜寻，看附近是否有可以住宿的地方。

在茫茫的旷野中走了很久，他们终于看到了一户人家，这家虽然是茅草房，但是房间却很多，看来平日没少招待过往的路人。这家的主人一听说是三闾大夫来了，急忙热情地为他们安排食宿，还把家中珍藏的好酒给屈原他们拿出来烫了暖身子。

酒足饭饱之后，屈原的身子渐渐暖和起来，于是便坐在昏暗的灯光下读起了书来。不知道为什么，屈原读着读着便心绪不宁起来，竟不自觉地想起了已逝的怀王。或许是因为这夜的气氛，特别像他当年与怀王第一次秉烛夜谈的情景，也是在昏暗的油灯下面，怀王与他促膝谈心，说到兴起两人还在晚饭时一同喝了几杯小酒。那时的怀王，意气风发，还拥有着成就一番伟业的雄心壮志。后来怀王还将变法改革一事全权交由屈原负责，对他是万分信任。虽然后来怀王慢慢地变了，变得不再信任自己，变得开始嫌弃自己，但这些都是受小人蒙蔽。屈原对怀王的知遇之恩还是十分感激的，即便对其有些怨言，也是出于恨铁不成钢的惋惜。后来，怀王受小人蛊惑被囚在秦国，最后客死他乡。虽然尸体被运回了楚国安葬，但是屈原觉得他的魂魄还是留在了秦国荒蛮的西北之地。想到这里，屈原哀伤得不能自已，便放声大哭起来。

不知道哭了多久，屈原忽然像想到了什么，停止了哭泣，自言自语道："这样不行，怀王的魂魄怎么能留在西北荒蛮之地呢？我要为他写一首诗，将他的魂魄招回来，这样才能令怀王的灵魂得到安息。"

想到这里，屈原周身便热血沸腾起来，他感慨万千，激情澎湃，几乎将这首名为《招魂》的诗歌一气呵成：

朕幼清以廉洁兮，身服义而未沬。

主此盛德兮，牵于俗而芜秽。

上无所考此盛德兮，长离殃而愁苦。

帝告巫阳曰："有人在下，我欲辅之。

魂魄离散，汝筮予之。"

……

魂兮归来！哀江南！

屈原之所以将此诗名定为《招魂》，是因为"招魂"这种迷信活动在崇尚巫术宗教的楚国十分盛行。那时的人们认为每个人存活于世，除了有一个肉体支撑以外，还有一个精神支撑着，这个精神就是"灵魂"。肉体如果不在了，灵魂也就去了另一个世界。一个亡者因为生前的为人、遭遇等不同，死后有的为神有的为鬼，神当然无忧无虑，但是鬼却有孤魂野鬼。像怀王这样惨死异国的，屈原就认为他的魂魄肯定游离在秦国荒蛮奇苦的西北上空，定然是不得安息的，所以他就想要为怀王写诗招魂。

在《招魂》一诗中，屈原沿用楚辞的一贯写法，将内容分为了三个部分：引言、正文和乱辞，也就相当于如今文学作品的引言、正文和尾声。在引言部分，屈原先用幻想的对话情景说明招魂的原因，正文部分则内容丰富，细分也可以分为两个部分，一部分是描写楚国四方之恶："魂兮归来！西方之害，流沙千里些。旋入雷渊，爢散而不可止些。幸而得脱，其外旷宇些。赤蚁若象，玄蜂若壶些。五谷不生，丛菅是食些。其土烂人，求水无所得些。彷徉无所倚，广大无所极些……"详细描述了四方的自然环境，风土人情的丑恶。在描述这些"恶"时，屈原所用的是神话传说及自身的浪漫主义幻想。屈原幻想着怀王的灵魂被西方召唤，召唤最凶的便是西方，这也暗示了怀王死在楚之西方秦国之地。写这一部分时，屈原可谓字斟句酌，用意明朗而细致。

另一部分则是夸耀楚国境内之美："魂兮归来！入修门些。工祝招君，背行先些。秦篝齐缕，郑绵络些。招具该备，永啸呼些。魂兮归来！反故居些……"说的是楚国巫师准备好一切等待怀王魂魄归来，为怀王的灵魂安排一个好的去处。在招魂过程的描写中，屈原先对楚国当时政治、经济、文化等的成就作了全面而详细的描绘。这一部分中，屈原还想象着招魂要用能够吸引怀王的声色来招，因而对楚王享乐生活做了一番描绘，可谓将楚宫中所有美好事物全都描写在内。而且，在描述过程中，屈原还运用了大胆的夸张手法，层层铺叙招魂事宜，令人心生向往之感。

最后在乱辞部分，屈原又追忆自己与怀王一起打猎的场景，将自己急切招回楚王的心情表露无遗。

一曲《招魂》写完之后，屈原又觉意犹未尽，情难自已，于是又提笔写了一首名为《大招》的诗歌。在《大招》中，除了描述与《招魂》中内容相近的东西外，又在其中加入了自己的"美政"思想，希望怀王能认真悔过，重新拾起他当年欲成就一番伟业的抱负。可以说，《大招》是对《招魂》的扩大和深化，两诗均是悼念怀王的上乘佳作。

屈原一夜之中成就两首大作，可谓费尽心力，不过他心中对怀王的遗憾和哀痛之感也抒发得淋漓尽致，此后其对怀王之死也释然了很多。

第五节 心系楚国之命运

被放逐江南的第二年，即公元前 295 年，屈原与随行者来到了长沙。长沙是楚国先王始封之地，所以到处可见当年先王所建的古城、宫殿和太庙等，其后先王陵墓也安置于此。来到这里，就来到了楚国生根发芽之地，令屈原有一种回归故里的感觉。而且，此地熊氏人口约占此地人口的三分之一，到处可见屈原本家。

屈原一来到这里，便受到此地百姓的隆重接待。不管是屈原的同族本家还是其他姓氏的百姓，都争相前来看望屈原。他们对屈原的遭遇深表同情，当屈原说起天下形势、国君昏庸、楚国安危、佞臣恶行、民生疾苦时，他们都屏气凝神，唯恐遗漏一字一句。听完之后，直脾气的长沙百姓全都义愤填膺，有的咬牙切齿，有的破口大骂，还有的摩拳擦掌好似要将楚国奸佞小人暴打一顿一般。发泄完心中愤恨之后，百姓们纷纷劝说屈原不要再过那种颠沛流离的生活，并热情地挽留他在长沙住下。屈原深知自己是个被流放的人，本欲拒绝，但是实在不忍伤了长沙百姓的诚心，只好答应暂住长沙。

屈原虽被放逐，但仍心系楚国命运，他深知长沙百姓生活艰苦，所以便想趁着暂住的时日，充分了解他们的疾苦，以便有朝一日返回郢都重新参与朝政时制定相应的政策，为百姓谋福。于是，对百姓邀请他到家中做客的请求，只要有时间他都答应。因为近年来灾荒战乱不断，官府又不管百姓死活，只顾横征暴敛，所以长沙百姓的日子过得十分艰难，不过，将屈原邀请到家中做客的招待之食，却是百姓自家养的鸡和平时舍不得吃的白米饭。屈原吃着眼下主人家最好的待客之食，不禁眼含热泪，食不下咽。百姓们知道，三闾大夫不是嫌弃他们的饭菜，是在替他们过着这样的苦日子感到难过。

当然，除了深入百姓生活外，屈原也会去凭吊先王遗迹，因为他觉得这样能稳固他的爱国热情，激发他不懈搏击的斗志。不过见到这些先王遗迹之后，却令他大失所望：长沙城西湘江东岸的先王古城遗址，早已不见往日辉煌，成了残垣断壁；古城旁边的先王太庙，也已杂草丛生，杳无人迹；岳麓山下的先王陵墓，也显得破败不堪，残碑断碣随处可见。见了这些景象，屈原哪里还有什么自豪感和奋发向上的斗志？有的只是伤感和沉重罢了。这种伤感和沉重，在屈原暂居长沙期间从未消失过，使得他的心情始终抑郁沉闷。

为了排解心中郁闷，屈原便想着拜访当地的贤达志士，从听取他们的政治观点中找到出路。可是这些所谓的贤达志士，大部分都是明哲保身，对屈原避而不见。而那些迫于舆论压力与屈原见面的人，根本就无心与屈原谈论国家大事，往往含糊其辞，顾左右而言他。这令屈原十分痛心与失望，国家的栋梁之材尚且如此，楚国还有什么振兴的希望可言呢？屈原的心情越来越郁闷了，他甚至不想再待在长沙了。

这几日，屈原一直在思考要用什么借口向热情的长沙百姓说出要离开的想法。忽然有罗子国的使者来报，说罗子国国王罗宣王前来长沙拜访屈原。听说罗宣王亲自来拜访自己，屈原有些受宠若惊，赶紧出门迎接……

这个罗子国在长沙北不足百里的地方，位于汨罗江畔（现湖南省汨罗市西五六里处），也是由楚国先祖同宗族人发展而来。自公元前690年被楚武王攻伐灭国之后，它便被并与楚，变成了楚国境内的一个小小的诸侯国。屈原当年执掌内政外交大权时，曾与罗宣王有过接触，还曾多次为罗子国谋福利。这令罗宣王感激不尽，所以一听说屈原在长沙，便连忙来邀请他到国内居住。屈原心想："既然我连日来愁苦不堪，正打算离开长沙，不如到罗子国散散心去。"

进入罗子国境内，屈原见到的是与长沙完全不同的景象，这里背山面水，溪流清澈，湖泊见底，树种繁多，奇花异草丛生，珍奇鸟兽随处可见，果真是一个放松身心的好地方！

屈原自从来到这里，便受到了贵宾的待遇，天天参加罗宣王为他而设的各种宴席，可谓是山珍海味不断，莺歌燕舞不绝，比他当年出使齐国的待遇还要高。不过，面对这些屈原并没有表现出太大的兴趣，反而整天愁眉不展，心事重重的样子。罗宣王见状，关切地询问道："三闾大夫，你这样闷闷不乐，莫非是嫌弃寡人招待不周？"

屈原见罗宣王误会，连忙摇头说道："大王千万不要误会，您知道我是因直言进谏而被小人谗害才被流放江南的，所以内心本就不快。现在，眼见国家一天天陷入危机，国君仍旧昏庸不察，小人依然横行霸道，百姓生灵涂炭，且外有强秦觊觎，可谓危机四伏，我哪还有心思品尝山珍海味，欣赏莺歌燕舞呢？"说着屈原便号啕大哭起来……

听了屈原的这番话，罗宣王心中也很不是滋味，他为屈原遭受不公待遇感到可悲，对屈原在如此悲惨境地还依旧心系楚国感到可敬，为楚国君王失去如此忠贞贤臣感到可惜。于是，他连忙安慰屈原道："您也不要过于悲伤，信而见疑，忠而被谤是古今常有的事。况且顷襄王初即位，不谙世事，因而才会被奸佞小人所蒙蔽。等不久之后他想清楚了，肯定会召您回宫，共商振兴楚国的大计。所以，为了楚国，为了百姓，您一定要保重身体，保持乐观的心境。”

在罗宣王的安慰之下，屈原暂时摆脱了忧愁，重新燃起了报国的希望。罗宣王为了进一步让屈原从愁苦中解脱出来，便提议带屈原上城楼散散心。或许是因为屈原太过担心楚国安危，神经一直高度紧绷着，在城楼上看见远处有一朵乌云，便联想到了楚国战乱的硝烟，心中担心得不得了；看见天边燃起的火烧云，就想象成秦军焚烧郢都的火光，马上捶胸顿足起来。

罗宣王见屈原心系楚国命运至此，在心生敬慕之余也为屈原感到惋惜。一个被君王抛弃、被奸臣谗害的人，以区区一人之力为国家命运奔走呼号，为百姓安危茶饭不思，这是怎样的一种爱国情操啊！罗宣王甚至不能准确形容自己当时的心情，只能说屈原的这种爱国行为很悲壮……

第六节 位卑未敢忘国忧

屈原忧国忧民的情思，已发展到了草木皆兵的地步，无论罗宣王怎样费尽心机开导他都没有用。在罗子国停留数日后，屈原又重新回归他的流放生活了。在这一年的时间里，他由长沙向沅水流域继续西行。其间他翻越过千山万水，而忧国忧民的情思也在所见所闻中日渐强烈。

公元前 293 年，韩、魏两国联合抗秦，秦国令大将白起于伊阙（今河南洛阳南），大败韩魏联军，令韩魏两军折损将士 24 万之多。经此战役，秦国威震天下，令六国君将闻风丧胆，天下百姓人人自危。趁此威势，秦国又威胁楚国，进行敲诈勒索。秦昭王修书一封，命使臣送交顷襄王，顷襄王见秦昭王在信中指责他背叛秦国，并欲率诸侯一同伐楚，吓得他心惊胆战，几乎跌倒在地。于是赶紧召集群臣进行商讨，看如何做才能讨得秦王谅解，令楚国逃过一劫。这时的满朝文武早已被子兰等人打压得没有了任何雄心斗志，全都建议顷襄王割地送财以避祸。

远在江南的屈原，听到这个消息，气得捶胸顿足，直呼：“楚国无人，君王软弱，群臣尽是酒囊饭袋。如此下去，楚国离亡国灭种不远矣！”可是，他又有什么办法呢，他多想立刻飞赴到顷襄王的身边，向其点明天下形势，为其出谋划策，救国家于危难之中。但是他地位卑微，又惨遭流放，赶回郢都力挽狂澜已是不可能的事情了。想到这里，屈原胸口似有千斤大石，压得他喘不过气来。

常言道：日有所思，夜有所梦。因为心系楚国，担心楚王和百姓的安危，屈原近年来一直做着同一个梦，梦中顷襄王不再像当初那样昏庸决绝，反而命人亲自来接他回郢都，还将子兰和靳尚等人一一绳之以法，又接受了他的“美政”思想，在楚国上下重新力行改革。如此一来，楚国上下君臣一心，百姓发愤图强，不仅使楚国转危为安，还呈现出空前绝后的繁荣景象……可是，这毕竟是个梦，不论他在梦中笑得多么香甜，梦醒后呈现在他面前的仍旧是残酷的现实，而他的心情也会比以往更加沉重。

公元前292年，顷襄王为讨好秦国，秦国也为了能再次利用楚国以牟取暴利，两国达成一致，结成姻亲之好，楚迎妇于秦。听到这样的事情，屈原已经不似先前那样激动不平了。照楚国朝中君臣不思进取的一贯作风，比这再可耻的事情或许也做得出来。屈原的心已经冷到了极点，不管多大的冲击他都能经受得住了。不过，他的内心还是会隐隐作痛，因为忧国忧民的情思从未被从他心中抽离出去。

公元前291年，秦国再次攻打韩、魏两国，秦将白起攻韩下宛地（今河南南阳），司马错攻魏取轵（今河南济源东南），攻韩取邓（今孟州市西）。韩、魏两国日渐危亡，国力也渐渐不支，百姓更是生灵涂炭，已无力再与秦国抗衡了。听到这样的消息，屈原忽然放声大哭，他担心楚国将来也会步此后尘。他痛惜怀王当初不听自己的劝告，没有将六国合纵进行到底，否则，韩、魏两国也不会遭此下场。而秦国得到抑制后，也不会如此猖獗，对天下诸侯予取予夺。不过，现在说什么都晚了，只怪自己如今位卑言轻，不能像当年那样游说各国为君王们分忧解难。

的确，天下大势，风云突变，楚国朝政，日渐荒芜，这些都不是屈原所能左右的了。这些事情已经离屈原很遥远很遥远了，他卑微得根本插不上一句话。如今的屈原，连平民百姓都不如。平民百姓尚有上书官府畅谈政治的权利，而他，一个被流放的“罪人”，地位卑微得连参政议政的权利都被剥夺了。这样的现实处境，和屈原满心的救国抱负背道而驰，形成了激烈碰撞，令屈原肝肠寸断，痛苦不已。在这种有心无力的痛苦和无奈的折磨下，屈原最终病倒了。

在病痛中，屈原仍然未敢忘记楚国安危和百姓疾苦，继续在流放中艰难前行。他越过枉渚（今湖南常德市南）之后又到了辰阳（今湖南辰溪县），从辰阳又继续行至溆浦，到了溆浦（今湖南省怀化市辖县）实在是太累了，这才算暂时安歇下来，然后一住就是四年。

溆浦位于沅水中游，溆水之滨，四境群山重叠，南与雪峰山相接。该地海拔有700多米，人烟稀少，十分荒僻，且山林中常有野兽出没，百姓的生活十分艰难。这里虽然交通不便，消息闭塞，但是对于屈原这个家喻户晓的爱国名人，他们还是听说过的。当得知屈原本人来到了这里，百姓们纷纷前来拜见，表达他们对屈原的崇敬和感激之情。为了能把屈原留在这里，他们还找了一处僻静之地，为屈原修建了三间茅屋。这茅屋虽然简陋，但对于长期过着颠沛流离生活的屈原来说，已经算是一个温馨居所了。

在这里居住了一段时间后，屈原的心情渐渐明朗起来，闲暇时便深入山林，漫步溪旁，欣赏美景之余也作些借物咏志的诗歌。如果是平常人能在战乱年代过上这样的清幽日子，一定非常开心。可是屈原并不这样，他的身心只稍稍放纵了几日，便又重归愁苦了。接下来的日子，他的心每时每刻都在滴血，不曾有片刻停歇。个人的生死祸福，屈原早已置之度外，他心中担忧的是楚国的命运和黎民百姓的疾苦，惦念的是顷襄王和往日交好的同僚，更担心强秦耍弄心机、伸展铁蹄，吞噬楚国的万里河山，陷万民于水深火热之中。

在这样的煎熬中，屈原夜夜辗转难眠，日日茶饭不思，日渐消瘦，形容枯槁。不过，他的心中始终怀有希望，想象着顷襄王有朝一日幡然悔悟，召他回京。这样一来，虽然身体渐弱，但是他的精神却异常矍铄，每每与人谈论国家大事时都思维清晰，口若悬河，辩才丝毫不减当年。

第九章

世浊独我清：居封地彷徨，空余报国志

因迟迟不被召回郢都，空余一腔爱国之情的屈原，逐渐心灰意冷。“举世混浊而我独清，众人皆醉而我独醒”是他此时的内心所想，更是其无奈的坚持。紧接着，屈原面临又一沉重打击——郢都被秦国攻占。眼见城破国亡，屈原无力挽回，只能将无限的悲愤之情诉诸笔端，一口气写下《哀郢》和《怀沙》两首伤情诗。

第一节 空余一腔爱国情

屈原是可悲的，人人都知道他是不可能再被君王重用重新召回郢都的，只有他一个人天天怀揣着这个遥不可及的梦想。不过他周围的人都不忍心将他的美梦打碎，随行的仆人对他唯命是从，他想要去哪里感时伤怀就陪他去哪里，百姓们见了他更多的是同情和宽慰，从来不说那些让屈原绝望的话语。

就这样，屈原怀揣着他的爱国心，从第一次被怀王放逐一直到现在被顷襄王流放，一直不曾绝望，不曾放弃他实现振兴楚国的理想。当年怀王被秦国诱去，客死他乡，最后只有一具尸体回归故乡。屈原得知后，肝肠寸断，心都被击碎了。原本，他把复兴楚国的希望全都寄托在怀王的醒悟上，可如今他的所有幻想全都破灭了。当怀王的灵柩被运回郢都时，屈原几乎跪爬着来到怀王的灵柩前，看着一动不动的怀王，屈原哭得昏死了过去。

后来，他又将一腔报国心愿寄托在刚刚继位的顷襄王身上。他请求顷襄王趁着各国诸侯及天下万民都埋怨秦国的机会，赶紧与其他国家联合起来一同抗秦。可是顷襄王没有那样的气魄，根本就不为所动。屈原无法，只好日夜跪在宫门前痛哭流涕，大声陈述自己强楚抗秦的观点，以期打动顷襄王。可是这时，子兰等人又出面阻挠，咒骂屈原不知天高地厚，对屈原极尽侮辱，还命人将屈原强行拖走。屈原再也忍受不了了，公然对子兰进行怒骂："你这个奸细，你这个不忠不孝不仁不义的卖国贼，是你怂恿怀王到秦国去的，你是害死怀王的罪魁祸首！你是不会有好下场的，楚国百姓早晚会将你扒皮抽筋，祭奠怀王！"

后来，屈原应百姓请求作诗揭露子兰等人的暴行，最终惹恼了这伙奸佞之徒。他们采用卑鄙的手段，再次将屈原编排得体无完肤，最终使得顷襄王将屈原革职流放，永远赶出了郢都。第二次被赶走之后，屈原虽然悲伤失望，但是还是没有绝望。跟第一次被流放一样，屈原仍然对君王抱有幻想，依然相信国君会回心转意，重新重用自己。屈原的爱国之心，从始至终从未间断过。

屈原在刚到流放地时，整日心烦意乱，不知道该干什么，他无心熟悉周围环境，无心看自己最热爱的书籍，无心去与任何人接触，他只想一个人静静地逃离这个令他伤心的地方。于是考虑了几天之后，屈原决定到楚国之外走一遭。走了几天后，屈原来到了楚国边境，这时他又踌躇起来，马儿也停下脚步，对着后方回望嘶鸣。见此情景，屈原深有感触地说："我们是楚国的人，马也是楚国的马。即便是死，我们也要死在楚国的国土上！"坚定了这样的决心，屈原便义无反顾地踏上了流放的路途。

屈原每到一处，除了熟悉环境之外，就是深入民间，与百姓打成一片，倾心交谈，了解他们的疾苦，倾听他们的心声。这样一来，屈原就将自己满腔的爱国热情转移到了更实质的地方。他希望以此来激励自己，不忘国忧，不忘民苦。

但是，很多时候往往事与愿违。屈原在民间流放多年，积累了许多丰富的民间经验，而且还抽时间制定了许多解决民生的政策法规。可是，郢都却一直没有传来召他回京的消息。屈原在漫长的等待中逐渐消瘦，逐渐苍老，逐渐对郢都的人和事淡忘起来……

这天，他与仆人坐在小溪边的石头上闲聊，他问了仆人一个问题，他说："顷襄王是不是已经把我忘记了？"仆人不知道该怎么回答，说"是"吧，怕伤了先生的心，说"不是"吧，又怕先生在毫无希望的等待中越陷越深。这个仆人跟着屈原很久了，是个聪明人，在屈原身上也学到了许多东西，尤其是说话的艺术。他转动脑筋想了一下，回答道："先生，别人忘不忘我们不重要，重要的是我们知道自己在做什么，知道前方的路该怎么走。就如我们之前走山路的时候，走着走着就没路了，我们怎么办？总不能驾着马车飞过去吧？此路不通走彼路，掉转马头绕过去不就行了？而且，当我们走累的时候，就不要再逞强赶路了，因为马儿也会累，也需要休息。所以，在人生的旅途中也是这样，能走就走，不能走就停下来歇歇，说不定会有意想不到的收获呢！"

听了仆人这个装傻充愣的回答，屈原忽然笑了一下，甚感欣慰地说道："好小子，也学会拐弯抹角开导起我来了，看来没白在我身边待这么久。你说的我明白，你是在劝我不要太过执着，只要尽力而为，无愧于心就好。我当然明白这个道理，可是我还是放不下楚国，放不下被奸臣迷惑的楚王，放不下身处水深火热之中的黎民百姓……"

"可是，放不下又有什么办法呢？您已远离朝堂，即便有什么治国良策，也无法直达上听。这样每天了解百姓疾苦，搜集百姓心声，到最后又有什么用呢？只不过是给自己增添烦恼，令自己为不能为民请命而感到更加自责罢了。"仆人忧心忡忡地接着说道。

"是啊，我现在所有的努力，其实都是虚弱无力的，我空有一腔报国热情，却不能有丝毫作为，这怎能不令我愁肠百结，夜不能寐呢？可是想要放弃，又谈何容易？忧国忧民的情思，已深深地刻在了我的骨子里成为我生命的一部分，已经无法割舍了。”说完，屈原便失声痛哭起来，仆人也跟着一同垂泪……

的确，自从屈原被彻底赶出郢都之后，他的所有作为都没有了实质作用，不能打动顷襄王，不能给百姓谋来半分福利。他有的只是一股精神，给日渐衰败的楚国贮存了一点希望的火苗，给濒临绝望的百姓们提供了一点寄托……这精神其实是一种无奈的存在，空余的一腔爱国情也其实是屈原无能为力的结果。

第二节 举世皆浊我独清

屈原是个爱整洁的人，衣着打扮也很讲究，而且还有一个一日洗三次帽子的“日三濯缨”的习惯。本来，人们以为这只不过是衬托其品格高尚的夸张传闻，可是，在屈原居住溆浦期间，百姓们真的领略到了这一点。

溆浦百姓与屈原朝夕相处，每天一大早便看见屈原穿戴整齐，到茅屋附近的河边梳头洗脸。白天百姓们还能偶遇他在水边清洗帽子，而且还不止一次，这肯定就是他“日三濯缨”的习惯了。

一天，屈原骑着马在茅屋附近的山上转悠，目的是找到一条清澈的小溪来供自己洗帽。最后，他终于在后山坡下找到一条又窄又浅的小溪，溪水非常清澈，里面的游鱼和石子都清晰可见。这小溪虽然与屈原心中想要找的有些出入，不过已经算不错了。屈原迫不及待地下马，摘下被汗水浸湿的帽子放在溪中洗了起来。屈原洗帽很讲究，即使没有一点污渍也要洗上半个时辰，唯恐洗不干净似的。洗完帽子，屈原还觉得不尽兴，又干脆洗了一把脸，又喝上几口。当溪水入口时，屈原感到一股从未尝过的甘甜。这时，屈原忽然想到了郢都城东南面的那条沧浪河来。在京为官时，屈原常到那里洗帽子，那条河跟这条小溪一样清澈，不过比这条小溪更宽更深。

此后，屈原便每天都花上一段时间跑到后山去洗帽子。虽说这么做让屈原心里很快乐，但毕竟他年纪大了，身体已大不如从前，跑到后山时常常气喘吁吁。看到他每日这样辛苦，百姓们都很心疼，于是便打算想法将溪水引到屈原的茅屋前面。因为怕屈原拒绝，百姓们便决定找机会悄悄地进行。

后来，机会终于来了，屈原要到附近的村子去探访一位刚刚从郢都告老还乡的大臣，这一去要三五天。百姓们便趁此机会聚在一起，商量引水细节，然后分工合作，将小溪引到了屈原的茅屋前面。他们听说屈原嫌这条小溪太窄太小，就又把它挖深拓宽了。

五日之后，人们见屈原愁眉苦脸地回来了，便猜到他肯定从那位老臣口中听了些楚国不好的消息。人们真担心情绪低落的屈原看到这条偷偷被引来的小溪会发脾气。不过事情并不像大家想的那样。屈原看见这条小溪，眼前突然一亮，得知这是乡亲们专门为他而引的，竟忍不住失声痛哭起来。他刚刚从那位大臣口中听说顷襄王被秦王逼着割地献宝，百姓因此被搜刮一空，还有些百姓为了不受强秦欺凌竟背井离乡过起了乞讨的生活。屈原正为此难过自责时，却见乡亲们为自己引了条小溪，他心中的内疚之情就更深了。所以他被感动得一塌糊涂，也惭愧得一塌糊涂。

这之后，屈原的心情一天比一天低落了，他为自己不能力挽狂澜，救民于水火而惭愧。他每天都会花很长时间去回忆他主持变法改革时的事情，还有梳理那错综复杂的列国风云，以及咒骂朝中奸佞小人的丑恶行径……想着想着，屈原便会忍不住流下泪来，他多想自己能回到过去，做那个有能力改变楚国命运，能救万民于水火之中的左徒大人。可是一切都回不去了，屈原只能无奈叹息。

人一有心事便会睡不着觉，清晨也就起得早了。像屈原这样整日装着国家装着百姓的人，更是每天天不亮就起床了。这天清晨，屈原早早起床到远处的江边散步，他边走边自言自语道：“也不知道郢都现在是个什么情形，难道朝中的那些正直敢言的大臣都跟我一样被子兰、靳尚之徒谗害了吗?”这样想着，屈原又作起了感时伤怀的诗歌。这样不知不觉间，他竟走到平日停靠渡船的渡船亭。这时岸上除了他还空无一人，想来摆渡的人还有打鱼的渔夫也不会像他这样起得这么早。屈原忽然觉得很没意思，连一个同他说话的人都没有，于是便想转身回家。正在这时，他突然听见江面上传来一个苍老的声音：“三闾大夫请留步……”

屈原正纳闷这是谁这么早来江边打鱼，便看见一位老者划着渔船来到了他的面前。这老者屈原并不认识，只见他一身渔夫打扮，头发胡须花白，或因常年在江上漂泊，他的脸庞显得异常黝黑。屈原便问他：“老人家，您是……我们认识吗?”

渔夫笑笑，答道：“当然认识，我和您是同乡，您在京城为官时我们曾见过面。这么多年过去了，我们都变了样子了。”这时，渔夫将屈原上下打量一番，发现屈原比当年在郢都时清瘦了，眼圈乌黑，眼睛里还布满血丝，真是容颜憔悴，形容枯槁，而且衣服也不似当年华丽洁白了。打量完，老渔夫突然哭了起来，伤心地对屈原说道：“当年的左徒大人是何等意气风发，神采奕奕，如今……”老渔夫说不下去了。

屈原连忙安慰他道：“老人家切莫为我伤心，生老病死是人之常情。您不好好待在郢都，来这荒凉之地做什么呢?”

渔夫回答说：“我是一个自由惯了的人，喜欢五湖四海地到处流浪。这样既与世无争，又无拘无束，逍遥自在。那您呢？怎么会落到这般地步？”

屈原仰天长叹道：“这世间到处都是污泥浊水，只有我一个人是干净的，大家都喝得醉醺醺的，只有我一个人是清醒的，所以才被流放于此，落到这般田地。”

听了屈原的话，渔夫劝导说：“自古圣贤不拘泥于外物，并且能随着世道的变化而变化。世上的人都污浊，您为什么不搅浑泥水扬起浊波？世上的人都喝得醉醺醺的，您为什么不也跟着喝酒入醉呢？为什么要想得那么多，又那么自命清高，让自己被放逐而落到这样的下场呢？”

屈原回答说：“我听说一个刚洗过头的人，一定要弹去帽子上的尘土，一个刚刚洗过澡的人，一定要抖净衣服上的泥灰。谁肯让洁白的身体去接触污浊的外物呢？我宁愿投身湘水，葬身鱼腹，也不愿蒙受世俗尘埃的玷污。”

渔夫听了，微微一笑，拍打着船板从屈原身边离开了，口中还唱着：“沧浪的水清啊，可用来洗我的帽缨；沧浪的水浊啊，可用来洗我的双足。”不再和屈原说话了。

看着渔夫渐渐远去，屈原忽然有种怅然若失的感觉。他知道，世间有很多如渔夫这样的人，不理解自己的坚持，但是他并不介意，而是依旧沉浸在自己的幻想中，幻想着有朝一日能够再回朝中，为国家分忧，为百姓请命。

第三节 顶天立地一巨人

那日，屈原和渔夫在江中的谈话被后来乘船的乡亲们听到了，结果一传十，十传百，大大纷纷赞扬三闾大夫品德高尚，还把那日谈话的渡船亭命名为“独醒亭”，以表彰屈原“众人皆醉我独醒”的高尚气节。不过，屈原的心情并没有因此而变得开朗起来，反而愁肠百结，病倒在床。

屈原生病后，一连几天都神志昏迷，高烧不退，且脸色惨白得吓人。因为是盛夏，屈原躺在低矮的小屋中老是淌着虚汗，尽管仆人不停地给他喂水，可他的嘴唇仍然干得能裂出血来。闻讯赶来探望他的乡亲父老，看到他这个样子心疼不已，于是便拜托村中最年长的老渔翁为屈原找一处僻静清凉的避暑之地，这样也利于病情的好转。老渔翁欣然答应了大家的请求，他也盼望着屈原能够早日恢复健康。

这天一大早，老渔翁便带着几个乡亲来到了屈原的茅屋。他对屈原的仆人说道：“三闾大夫避暑养病的去处我已经找到了，趁着天还没有大亮，我们赶紧把他抬过去吧，不然天热了对病人不好。”仆人一听，连忙进屋为屈原收拾简单的衣物，正要拿日用品的时候，被老渔翁制止了，他说：“路远，不要带那么多东西，那里什么都有，我早已派人布置停当了。”听老人家这么说，仆人十分感激地向老人作了个揖，然后赶紧帮着众人将屈原抬到老渔翁他们准备的简易轿子上。

安置好屈原，一行人直奔玉笥山。

轿子在山林间穿梭向前，因为道路崎岖，大伙怕颠到了屈原，于是便放慢了脚步，大约走了半个时辰才到达目的地。只见此地周围郁郁葱葱的全是绿树翠竹，阳光只能透过隐天蔽日的树叶透过来一点点，因而，人站在这里，感觉特别清凉。

老渔翁为大家介绍道：“看到前面的藤萝了吧？藤萝后面有一个山洞，我们把三闾大夫扶进去吧。”顺着老渔翁的指引，人们走到了山洞口，但是洞口太小，大家只能一个一个过。不过进入洞中，大家被眼前的景象惊呆了——洞内高如楼宇，空间广大，不湿不潮，有阳光从藤萝间射入，也不显得黑暗，更重要的是洞内凉爽无比，使进入洞中的乡亲们热汗顿消。果如老渔翁所言，洞内已经被打扫干净了，还有架好的竹床，支好的桌椅，生活用具一应俱全。

屈原只进来一会儿工夫，便觉浑身已无燥热之感，而且身上也有了力气，胸中也不憋闷了。在仆人的搀扶下，他慢慢坐起来，看着满含关切的乡亲们，屈原感激地说道：“乡亲们想得太周到了，这个山洞多像我当年用过的那个‘读书洞’。屈原何德何能，竟得大家如此厚爱，救助之恩没齿难忘……”说完，屈原潸然泪下。

大家见状，连忙宽慰道：“三闾大夫为国家和百姓鞠躬尽瘁，沦落至此，我们理当互相帮扶，不需要这样客气。你能赶快好起来，就是我们大家的福气了。”大家说完安慰的话之后，怕影响屈原休息，便一起离开了，只留下屈原仆人在此服侍。

到了晚上，屈原觉得神清气爽，便试着下床走走，没想到腿脚竟有了力气，不用仆人搀扶也能自己走路了。三天之后，屈原彻底能生活自理了，只是身体还有些虚弱，需要再调养几日。又过了几天，屈原食量增加了，比病前还有力气，而且还能够独自到林中舞剑了。为免大家担心，屈原决定回到村中，和大家待在一起。老渔翁得知他的这个想法后，劝他再多住些时日，等到酷夏过了再回去也不迟，免得旧疾复发。于是，屈原便又住了下来。

这天，闲来无事，屈原忽然想到了自己被放逐汉北时所作的那篇《离骚》来，很想再读一读，看有什么不妥的地方，再修改一下。其实，修改是没有必要的，因为这首长诗已流传于世多年，可谓字字珠玑，无须改动一字。

仆人将写有《离骚》的书简抱来之后，屈原如打开至宝一般小心翼翼地将其铺展开来。通读一篇之后，屈原已是泪流满面。然后他强忍泪水，逐字逐句地斟酌推敲，一直修订到深夜。虽然只改动了几个词句，但是花费的时间却如重新写了一篇诗歌一样。可见，这首《离骚》在屈原的心中分量不轻。

仆人深夜起来小解，见屈原还在伏案笔耕，便心疼地说道：“先生，该歇息了，今晚改不完就明天再改吧。您刚刚大病初愈，不宜熬夜啊。”屈原抬起头，泪流满面地说道：“我又想起了怀王，想起我们当年彻夜长谈的情景。当时的楚国在变法改革的推动下，已经出现了富强迹象。可如今……”说完，屈原捶胸顿足，号啕大哭。仆人见状，赶紧又安慰了起来。

好大一会儿，屈原才从悲痛中缓过来。他擦擦眼泪，声音略带沙哑地说道：“这首诗我已经改完了，它是我的心血之作，我要拿到山上去诵读，你快去点燃松明为我照路。”

“现在吗？夜已经很深了，还是明天再去吧！”仆人劝解道。

“就是现在去，现在我胸中有万千感慨，不借诗歌朗诵出来，我一整夜都睡不着。”屈原态度坚决地说道。

“可是为什么要到山上去读呢？天黑路难行的，而且山顶还有冷风吹拂，我怕先生再受冻着凉了就……”仆人继续劝解道。

“无妨！我心意已决，你就不要再为我担心了。这首长诗叙述了我的身世、生平所为、理想抱负以及悲惨遭遇，而且还包括了我对祖国和人们的忠贞之情，以及对现实的批判和对未来的向往，等等。一字一句都是用我的血泪铸成，都流露着我的真情实感。我现在就是要站在山上读，读给楚王听，读给百官听，读给百姓听，读给江河湖泊听，读给花草树木听！”说着，屈原抱起竹简便往洞外走去。

屈原抱着大摞竹简艰难地登上玉笥山西南面的一个高阜，在仆人的帮助下，他将竹简放在地上，高声朗读了起来：

帝高阳之苗裔兮，朕皇考曰伯庸。

摄提贞于孟陬兮，惟庚寅吾以降。

皇览揆余于初度兮，肇锡余以嘉名：

名余曰正则兮，字余曰灵均。

……

屈原声音洪亮，掷地有声，且感情丰富，随着诗歌时而喜悦，时而忧伤，时而平静，时而愤怒……听得千山震动，万水奔腾，树叶哗哗，鸟儿哀鸣。当他读到最后一句“吾将从彭咸之所居”时，忽然刮过一阵狂风，吹得松明火光飞长，火光下屈原的影子也跟着拉长了，仿佛顶天立地一巨人屹立于此，光芒万丈！

第四节 山河破碎国已亡

屈原流放期间，天下大势频变，一会儿秦合楚，一会儿楚合齐，一会儿合者又发起战争……天下分合，可谓一日千里，令人应接不暇，也让屈原备受煎熬的忧国忧民之心倍感疲惫。

公元前 284 年，楚顷襄王与秦、韩、赵、魏、燕、鲁等联合伐齐，大获全胜，楚收复淮北之地， 秦得原属宋的定陶（今山东定陶北)，魏得原宋地的大部分，赵得济西，鲁得徐州。

公元前 283 年春，楚顷襄王与秦昭王会合于鄢（今山西太原一代)，秋复会于穰（今河南省邓州市)。

公元前 281 年，楚国一个善于射箭的人，拿着最差的弓射向空中，就能使大雁听了箭离弦的声音而应声坠地。顷襄王觉得此人是个奇人，就将其召入宫中倾谈。谈话间，此人显示出超强的治国远见，他对顷襄王说："咱们的先王怀王大王因受秦国欺诈而客死他乡，这是极大的冤屈啊。平常的百姓有了仇怨尚且必报不可，更何况是我堂堂大楚王国呢？如今楚国占地五千里，拥有百万雄师，却坐在这里任人欺凌，我认为大王这样做十分不妥。”顷襄王一听，觉得十分有道理，于是，派人出使其他国家商谈伐秦大计。秦王听说后，先发制人，立即兴兵伐楚，楚国连忙向齐、韩两国联军求助，双方展开了激烈的战争。

远在江南流放的屈原，听到这一消息时激动万分。一方面他为顷襄王肯听人劝谏为怀王报仇感到欣慰，一方面他又担心百姓因战乱而遭受磨难。在这种既欣喜又矛盾的状态下，屈原时而精神颓废，时而神采奕奕，他的心情几乎是紧随着楚国的沉浮而变化的。

公元前280年，秦昭王又命司马错率军攻楚，楚军大败，顷襄王不得已又割汉北之地以求强秦退兵。公元前279年，贪得无厌的秦国又令白起攻楚，夺得鄢、邓（今湖北襄樊北）两地。这场战争打得相当惨烈，秦将白起挖开长渠引水灌鄢，淹死楚国百姓数十万人。大水进城时，楚国百姓猝不及防，被淹者呼天抢地，咒骂暴秦之声不绝于耳……听闻百姓遭此劫难，屈原悲从中来，号啕大哭，大骂暴秦的畜生行径。然后，屈原又组织村民进行游行，声讨暴秦，希望以此激起官兵对暴秦的怨怒！不过，这次游行很快便被当地官府镇压了下去，屈原无奈只能将满腔怒火排解到诗歌中。

这日，屈原登上玉笥山散心，看见漫山遍野的兰花和蕙草，他的心情舒畅了不少。正当他想要顺着兰花、蕙草再往山中走一段的时候，忽然狂风四起，将兰花、蕙草刮得东倒西歪，树上的叶子也被吹得漫天飞舞。风停之后，屈原揉揉双眼，看到玉笥山竟呈现出了万物凋零的景象。触景生情，屈原悲从中来，忽觉自己就是那被风摧残的兰花和蕙草，而这肆虐的回风（旋风）就如同当年在君王面前谗害自己的奸佞小人，于是便写了一首《悲回风》的诗歌来抒发自己的悲愤之情，同时也抒发了自己对奸臣误国害君害民的悲悼。

确定了内容和主旨之后，屈原便站在玉笥山的花草中酝酿起全诗来了。经过反复斟酌，屈原最终确定摒弃以往的叙事手法，采用通篇抒情的方式来写诗歌。因为在长期的流放生活中，即便身处荒僻之地过着颠沛流离的生活，他心中的忧国忧民之情从未减少过。他一直担心楚国会遭遇亡国灭种的厄运，担心君王昏庸不明贻误朝政，担心佞臣弄权害国害民，更担心自己日渐苍老不能等到重回郢都为君效命的那一天……所以，他便在诗中表达了自己哀伤、惶惑、幽怨、孤独、彷徨与憧憬之情。

首先，屈原先从旋风摇荡纤弱的蕙草写起："心冤结而内伤"，抒发自己被谗害的悲情。众所周知，外伤好治，内伤难愈，屈原长期压抑着的伤痛全都郁结于心，形成了内伤。"物有微而陨性兮，声有隐而先倡。"回风无形而有声，虽然起势甚微，但它终摧残了花草；谗言开始的时候虽然看着很不起眼，但是它最终能蛊惑君心，十分猖狂。屈原这样写，是在含蓄地批判怀王掉以轻心，缺少警觉，所以才使谗臣乘虚而入，导致了如他这样的朝臣"信而见疑，忠而被谤"。因而，屈原便思慕起古圣先贤来，欲与之齐志同节："夫何彭咸之造思兮，暨志介而不忘！"彭咸因直谏君王而不听，所以才投河而死的，屈原对他忠贞的节操十分倾慕，难以忘怀，时刻想着要以此为榜样。

之后，屈原描写奸佞小人进谗言时如回风一样起势甚微，可是结果却十分恶劣。以此来指责楚王昏庸不明，缺乏警觉，所以才使小人乘虚而入。最后，屈原总结全诗，心想自己昔日的理想已经落空，如今处境惨淡，所以便想效仿古代先贤直谏而死，但是转念一想，即便死去也不能挽救楚国国家危亡，还不如先活着保留唤醒君王的希望，所以就打消了立即投河的念头。

屈原这般"苟且偷生"地活着，归根到底还是因为他放不下楚国的安危。被放逐的这些年里，他只要一听说有从郢都来的人，就想尽办法打听楚国政治、军事方面的事情。渡船亭是溆浦往来客商的必经之地，屈原常来此处向过往百姓打听郢都的消息。

公元前 278 年春天，秦兵入侵，楚兵连吃败仗的消息在溆浦传得非常厉害，屈原听了十分担忧。因而，他每天往返渡船亭的次数越来越频繁，待的时间也越来越长了，唯恐错过最新的消息。

这天，屈原又来到了渡船亭，刚想问身边的人有没有关于郢都的最新消息，就看见平时常为他带消息的一伙商贾向他走来，没等屈原开口问话，其中一人便抱着屈原痛哭起来。屈原心中一紧，忙问发生了什么事。此人抬起头，声音哽咽地说道："三闾大夫，秦将白起率兵攻楚，已经拿下了我们的都城郢都……"

屈原一听，顿觉晴天霹雳，忽然眼前一黑，险些跌倒，众人忙将其搀扶到岸边的石头上坐下。歇息片刻，屈原总算是回过神来，继而号啕大哭："我的楚国，我的君王，我的百姓啊……"他反复念着这几句话，已经不知道说什么来表达他对山河破碎、国破家亡的悲愤了。

屈原跌跌撞撞地回家之后，已经是傍晚时分了。不顾仆人的劝阻，他抱起那堆写有《离骚》的书简，又往那日诵读此诗的高阜上跑去……不一会儿，夜空中便传来了他那苍老而悲凉的诵读声……听到诗歌的百姓，无不涕泪交流，捶胸顿足，一时间玉笥山下哀号一片，哭声十分惨烈。

第五节 无限悲愤诉笔端

郢都被攻下没几天，城内的难民便逃难到了屈原所在的溆浦。见了这些饱受战争摧残的京师百姓，屈原心疼不已，竭尽所能帮他们安排住处，送些吃的。然后，屈原又向他们打听郢都的情况。难民们告诉屈原，秦兵残暴无道，兽行与强盗无异，他们进城之后到处烧杀劫掠，郢都大街上随处可见被他们残害的百姓尸首。而且，他们还放火烧了王宫和太庙，甚至连楚国王室的祖坟都不放过。楚军伤亡惨重，死的死逃的逃，根本无暇顾及百姓的死活。顷襄王和一些奸佞之臣为了保命，竟扔下百姓仓皇出逃，避于陈城（今河南淮阳县）。

听了这些消息，屈原心中悲痛得无以复加。郢都的沦陷，将他心中仅存的一点希望之火也掐灭了。在他看来，郢都和顷襄王都是楚国的象征，可如今郢都被毁，顷襄王出逃，国将不国，他还有什么可寄托的呢？所谓“皮之不存，毛将焉附”，山河破碎，百姓自然也就无国可依，无家可归了。屈原忽然觉得自己这么多年所坚持的一切，全都丧失了意义。

曾经繁华一时的楚国王都，是多么美丽富饶，是多么安静祥和，是多么恢宏壮观。如今的城内却是满目疮痍，血流成河，怨声四起，往日的一切都烟消云散了。而屈原也无京可返，无君可效了。这对于满腔报国之志的屈原，是多么大的讽刺和打击啊！有一瞬间，屈原忽然有了绝望的感觉。在这种感觉的推动下，屈原开始追忆自己当年在郢都变法改革的美好光景，接着就是惨遭陷害被两届君王赶出郢都的情形，然后他脑海里又出现了难民们为他描述的如今郢都的惨状……这由喜及悲的演变，使屈原内心的感情饱胀起来，憋闷得难受，有种喷薄欲出的感觉。于是，他将这抑制不住的无限悲愤之感诉诸笔端，写下了一首名为《哀郢》的诗篇。

诗文主要由纪行、怀郢复仇和斥奸三个部分组成。诗篇中，屈原既表达了对郢都沦陷的哀怜之情，又表达了对百姓流离失所的同情之意。其中自然也包含他对楚国一草一木、一砖一瓦的热爱，对佞臣祸国殃民罪行的谴责，对自身悲惨遭遇的愤恨不平。在这首诗中，屈原将自己的所思所感与国家和人民的命运紧紧联系在了一起。

诗歌以百姓流离失所的画面为开端，给人们一种昏暗阴沉之感。接着又写江面上“凌阳侯之氾滥兮，忽翱翔之焉薄”的烟波浩渺的气象，给全诗增添了一层凄凉的色彩。最后又哀惜楚国原本国土辽阔、家给人足的状态被打乱，痛心无限锦绣山河被摧毁……将全诗的悲剧色彩推向了高潮。

综观全诗，以问句开头，又以问句结尾，可谓首尾呼应，一气呵成。在诗中众多问句牵引下，屈原将心中深藏的哀怨、忧愁、惋惜和悲愤之情倾吐得淋漓尽致，给人一种步步紧逼、环环相扣之感。事实上，屈原的这些情感早就淤积于胸，如鲠在喉，大有不吐不快之势，因而便一呼而出，《哀郢》遂成。

写完这首《哀郢》，屈原似乎还意犹未尽，胸中起起伏伏，似乎还有一些怨恨未消，悲愤未平。于是，屈原继续酝酿和推敲，不久又写下了《怀沙》

一诗。

《怀沙》，顾名思义，就是怀念长沙。长沙是楚国先王的始封之地，因而“怀沙”便是怀念楚国，怀念郢都，怀念百姓。借助这一系列的怀念之情，屈原也表明了自己的心志。全诗开头以孟夏、草木起兴，然后由景及情，由情及事，因事及理，从而情景交融，相互映衬。诗文一开始，就给人一种哀伤忧郁的感觉，其中“伤怀永哀兮”、“郁结纡轸兮，离慜而长鞠”、“冤屈而自抑”等句，更是读之如大石压胸，忧伤得无法呼吸。

不过，除了抒发自己的忧伤之外，屈原更多的是写自己的牵挂之情。他牵挂着楚国的命运，牵挂着百姓的生死，也牵挂着自己的理想还能否实现。他甚至想到要用自己的死来震撼百姓，激励君王，从而成就另一种牵挂——别人对自己的牵挂。

最后，屈原又将抒情转到了叙事上，叙述自己不能被容于朝的原因以及自己如今的遭遇。写这一内容时，屈原用了大量的比喻来表达自己坚持正道，不随波逐流的情操，比如用“刓方以为圜兮，常度未替”来说明自己方正不改，不能像方木似的被削成圆滑；“章画志墨兮，前图未改”说明自己守着规矩，不易改变；而“巧倕不斲兮，孰察其揆正”的意思是巧匠不动斧头，表明好的君主不用让忠臣随世沉浮。这些形象而生动的比喻，其实说明的是一点，那就是他坚持自我，不改心志，所以才不见容于世。

本诗最后也有乱辞，不过与屈原其他诗中的乱辞不同，它不是诗歌的结束语，反而是整首诗歌的高潮与核心部分。在郢都沦陷、山河破碎的情况下，屈原生出“脩路幽蔽，道远忽兮”的感慨，而他的“怀质抱青”的内在品格便没有了用武之地。接着，他话锋一转，喊出“民生禀命”、“定心广志，余何畏惧兮”的豪言壮语，说各人自有天命，与其悲伤暗叹，不如放宽心胸，这样也就无所畏惧了。其实，屈原无所畏惧的原因还有他“知死不可让，愿勿爱兮”的提前打算，反正早晚都是一死，对生命也没有什么好吝惜的。所以他最终下定决心：“明告君子，吾将以为类兮”，人固有一死，他愿意向历代先贤看齐，要以自己的死为天下有志之士树立榜样！屈原从容取义、以死明志的坚贞精神便跃然纸上，令人钦佩不已。

写完《哀郢》和《怀沙》这两首诗，屈原心中的无限悲愤也被抒发得淋漓尽致了，因而内心也比以往更加纯净和平和了，但是如今这国破家亡的悲惨现状他还是不得不去面对，毕竟他的心是随着楚国和百姓走的，楚国亡了，百姓还在，他暂时还不能撒手而去，他还要给百姓留下一丝希望。

第十章

沧浪水濯缨：心怀国事，《天问》忧民

郢都沦陷，楚国亡国之后，屈原遭受了巨大的打击，内心发生了极大的变化。他对楚国的灭亡愤愤不平，对百姓蒙难痛心不已，对自己遭遇的一切开始产生怀疑。于是，他大胆问天，写下千古奇诗《天问》。最后，在无力改变楚国灭亡事实的状况下，屈原投身汨罗江中，以死明志，成为人们心中永远活着的丰碑。

第一节 举头指手问苍天

屈原是一个性格随和的人，当年入朝为官时他只对那些奸佞谗臣语气和态度强硬，对其他同僚还有平民百姓都很友善。后来虽被谗害放逐，屈原也依然谦恭随和，亲善待人。所以，在流放汉北和江南期间，屈原才能与百姓们打成一片，一起谈天说地，探讨民生，品评朝政。再加上他博学多才，见多识广，百姓们都喜欢围着他问东问西，而他也不让大家失望，总是有问必答，滔滔不绝。但是自从他写完《哀郢》和《怀沙》之后，性格好像发生了很大的变化。他不再每天到百姓扎堆的地方去探听大家在讨论什么了，也不再去找村里最年长的老渔翁到江边谈心了，终日沉默寡言，甚至连乡亲们跟他打招呼他都不知道回应了，更别说为大家答疑解惑了。

屈原的这一变化，大家看在眼里急在心里，生怕他为了郢都失守的事而压抑自责，再憋出什么病来。屈原的仆人更是怕他承受不了楚国灭亡的打击而自寻短见，所以便天天跟着他。仆人发现，屈原大多数时间还是待在家里，并不总是外出。他会一整天呆坐在院中，望着屋顶出神，傻愣愣的，像是灵魂出窍了一般。有时候，他独自一人出门，跟仆人连个招呼都不打，完全不像以前那样为了让仆人放心而“事事请示”了。

出门后，屈原便开始漫无目的地四处游荡。有时他在玉笥山深处转悠，接着便爬到山顶的最高处向远方眺望；有时他循汨罗江岸漫步，走着走着便会停下来望着江水发呆；有时他又到渡船亭去看人来人往，他看得很仔细，仿佛在寻找着什么；有时他又在夜里登上那个他常常诵读《离骚》的高阜上伫立，接着便望着茫茫星空发呆……他的这些行为本来就足以让人奇怪了，然而更奇怪的是，他在刮风下雨时不知道往家里跑，天突然变凉时也不记得披件厚衣裳，总是要家仆和乡亲们到处寻找。人们都说三闾大夫痴傻了，有人说是国君昏庸不明，不辨忠奸所致；有人说是奸佞小人弄权误国，谗害忠良所致；还有的人说是因为经受不了楚国灭亡的打击所致，有些人甚至还骂起了上天不公，老天无眼，使坏人逍遥，好人遭殃……总之，乡亲们都没有嫌弃屈原为大家带来的麻烦，而且还都为他打抱不平。大家其实也知道，打抱不平对屈原是没有用的，因为他根本就不在乎个人荣辱，他最关心的还是国家的命运和百姓的安危，这其实也是导致他精神恍惚的最根本的原因。

大家的推测没有错，屈原是经受不住国破家亡的打击，但是他没有痴傻，精神也很正常。他其实心里清楚得很，也十分理智和清醒。他只是暂时待在自己的世界里，不想说话，不想被任何人打扰。避开众人的这些天，屈原一直在专心思考一些问题，他思考天地和万物，思考历史和现实，思考命运和人生，思考自己这一生走过的风风雨雨……经过这一系列的全面思考，他突然有了大彻大悟的感觉。他开始对以往自己所坚持的东西产生怀疑，对以往抱定的决心也有些动摇，对自己所遭受的迫害也有了一些反思……他好像一个新生的婴儿一般，开始重新认识自己和眼前所处的世界。

以上这些怀疑和反思，是屈原从来不曾想过的问题，因为他这大半生都是被这些所谓的真理和坚持支撑着才走过来的。在国破家亡之前，屈原对上天坚信不疑，认为它是公正无私的，对坏人施以惩戒，对好人给予帮扶，所以他一直都对命运逆来顺受，从未想过要去改变自己的遭遇。可是现在，看看楚国衰亡的惨烈现实，看看自己遭遇的悲惨命运，再看看暴秦横行的天下大势，屈原觉得似乎一切都不是当初自己所想的那么回事儿……因而，他不得不对上天产生怀疑，不能不去表达自己的怨怒，提出自己的疑问。

因而，屈原开始举头指手向苍天发问了。这都要归功于苍天一步步的“安排”——先是自己被小人谗害而见疏，后是被怀王放逐汉北，接着是被编排罪行而被革职流放江南，如今的而又国破家亡。捋顺这一切之后，屈原忽然觉得很讽刺，好像上天在跟他开玩笑，他的心都要碎了。心碎了才会静下来认真客观地思考问题，心碎了才敢打破陈规大胆提出怀疑，心碎了才学会否定一切、反抗现实……于是，屈原一时间心中疑问丛生，逐渐酝酿出一首名为《天问》的诗篇，这将是他突破自我的一个开端……

第二节 心中乃有千千结

一个人心中有疑问，为什么到最后都要归结于“苍天”那里？像屈原这样，半生的疑问都归结到《天问》上，究竟是什么原因？为什么不是问地、问花、问草和问人呢？这是因为在中国古代，人们认为天意是通过人意来体现的，且上天对人间万事都负有责任。因而，人间遇到不平之事，就是上天不公的表现，人们肯定就要问天了。

先秦时期，人们的宇宙观是以“人”为本位的“天人合一”思想。因而在不同程度上承认了“天”和“天命”的存在，不过“天命”却一定要通过“人”或“人事” 来实现。正如屈原在《离骚》中所说：“皇天无私阿兮，览民德焉错辅。”上天对所有人都是公正无私的，看见有德的人就会给予帮助。这里可以理解为，一事成既有上天的帮助，也有自身的努力，这就是一种“人”为本位的、结合“天命论”的观点，充分说明天命通过“人事”来体现。所以，在遇到困难灾祸时，应该责之于“人事”，而不能仅仅听从于天命。

在屈原所处的时代，“天”是一个很抽象的概念，时而指向具体，时而指向模糊，它不仅包括将天体、天象、天文等蕴含在内的自然界，还包括自然界影响下的人事，因而《天问》中也有不少涉及人事的内容。有时候，它又不仅仅是自然的外像，而且还包含超自然的东西。也就是说，它不仅仅是实体存在，而且还包括天道、天命、天意。

综合考虑，既然“天命”能够影响“人事”，那么“天命”也应该对“人事”负责。假如天道不公，那么百姓除了“尤人”以外，当然也可以“怨天”。因事而推的话，人们还可以怒天和责天。屈原构思《天问》也是要反映自己的这一哲学领悟。说白了，《天问》其实还是屈原对于所处现实中一切不可解、不合理的现象的问难。

当然，因为屈原对现实问题思考得全面，包括了历史上的兴亡实例，所以在《天问》中除了问人事外，他还问了一些有关神话故事及历史传说的问题。在这些问题中，包括许多自盘古开天以来就存在的传统偏见、陈腐定论、凝固史观、世俗迷信，等等。这是屈原经过反复审查和思考后，由怀疑走向批判，由省察导出否定的明智表现，更是其勇气和胆识的证明。

经过无数个日日夜夜的斟酌和推敲，屈原最终定下了《天问》的层次结构。从大观上来看，包括天地形成、天象变化、自然灾害、四方异物、历史传说及变迁。具体说来，全诗可分为两部分，第一部分是对天地形成之类的发问，属于天地开辟的问题。依次来说包括：混沌初开、宇宙形成、日月星辰、鲧禹二人相继治洪水、洪水过后大地的总况、大地西北及东南的奇闻传说。第二部分是对由夏至周天下兴亡的发问，属于人事兴衰的问题。依次来说包括：先是夏朝立国至少康中兴的历史传说，后羿一族征服夏王朝的神话传说；接着是商朝的历史传说；最后是周朝的历史传说，一直从周朝始祖后稷问到春秋战国，最后到楚。

拟定完大框架，屈原便如成竹在胸，独自一人带着书简登上了玉笥山顶，如同下界使者般仰天而问，边问边记，很快便写完了《天问》的第一部分：

元古之初，天地一片混沌未开之景，人们是怎么知道的，如何考察？没有人类，没有文字，是谁将此传述下来的？传说天为九重，有谁曾去环绕量度？即便测量了，又是从谁开始这个浩大工程的呢？……羿为何要射落九日，射下的太阳鸟落在了何方？

第一部分完成后，屈原下山略作休息，然后又来到了汨罗江边。看着江水浩浩荡荡，屈原不禁又抬头仰问苍天，边问边记，又继续写起了《天问》的第二部分：

大禹奋力治水成就伟业，到四方视察水情，哪里来的涂山之女与他在台桑结合呢？他的志向嗜好均与常人不同，为什么也会娶妻生子，贪图欢快与安逸呢？……夏桀攻打蒙山国，究竟得到了什么？……为何桀在鸣条受罚，黎民百姓十分高兴？……武王伐纣，八百诸侯甲子会聚誓师，为何能践约如期？……

最后，屈原以问楚之事结尾，重点问到了吴楚之战，楚国为什么常吃败仗？进而指责楚平王昏庸无道，导致了吴楚之间的长期战争，不过幸亏平王的儿子昭王能改正错误，使楚国重又复兴起来。他希望历代国君都能以史为鉴，注意自己的德行，千万不要沉浸在荒淫无度的生活中。屈原还以此告诉人们，国家的兴衰并非天意，全由君王臣子百姓所人为。接着，他又写了几件楚国历史上的圣君贤臣的事例，以此勉励国君发愤图强，洁身自好，任人唯贤。

写完《天问》，屈原心中似乎有些难过，因为这些问题不知道何时才能被“上天”解决。带着满心的愁苦，屈原又登上岸边的小船，独自划行一段时间之后，屈原停了下来。仔细一看周围环境，原来才发现他已来到了汨罗江与湘江的交汇处——河泊潭，又名罗渊。这里水域辽阔，深不见底，且水流湍急，人在舟中便可见江面旋涡片片，若深望下去必定心惊胆寒，两腿发软。

这时的屈原还未从《天问》的纠结中走出，所以看到这凶险异常的景象并没有太大的反应。他望着江水发呆，忽然觉得心灰意冷，万念俱灰，真想一头扎进这清凉的江水中。这样一来，他在尘世中沾染的污浊和烦恼就全部洗涤干净了。想着想着，屈原便流下泪来，忽然仰天长叹："唉……谁来救救多灾多难的楚国百姓啊？谁能还我大楚秀丽河山啊？"原来，他的心中还是放不下残破不堪的楚国和身处水深火热的万民，所以，他又一次收回了得以解脱的脚步。一个人连选择死都选得这么艰难，这是屈原的伟大之处，更是他的悲哀所在……

第三节 千古至奇之杰作

或许屈原不是第一个问难苍天的人，但是他却是第一个敢将自己问难苍天的内容记录成诗的人。《天问》一诗承载了从天地初开到屈原所处的年代的170多个问题，全诗共有373句，1560字，句式多为四言，兼有三言、五言、六言、七言，偶有八言，观之跌宕起伏，错落有致。诗歌由始至终都由问句组成，一口气将天地、自然、社会、历史、人生等问题都问了个遍，堪称“千古万古至奇之作”。

说它奇，不仅是说它的内容庞大，涉猎之广，还包括从诗歌的构思到诗歌所表现出来的诗人思想的“奇”。这些奇特之处，展现了屈原卓越超群的想象力和令人望尘莫及的学识，更充分体现了他惊人的艺术才华与诗歌造诣。

《天问》可以说是屈原广泛涉猎所得的精髓，所问内容皆是上古传说中甚为难解的怪事、大事。针对这众多的“天地万象之理，存亡兴废之端，贤凶善恶之报，神奇鬼怪之说”，屈原似乎是要得到一个回答，找出一个因果。事实上，屈原在《天问》中提到的许多问题，在春秋战国以来的文人典籍中都有描述，但是，只有他以疑问的语气将这些问题汇总一处，给人以诗文气势磅礴，世间奥妙无穷的感觉。屈原曾为楚国宗室重臣，且学富五车，经历丰富，《天问》奇篇由他写成，颇有整齐百家、是正杂说之意，更表现了诗歌不俗的影响和价值。

在《天问》中，屈原对天地、山川、日月、灵异怪事和人事的问询，大多都有影射当时的现实意义。因此，屈原所提出的问题是由其主观上的选择而精心撰写的，并非是完全如流水账似的记录历史疑难。从全文最后以楚国的贤君愚臣作为结尾来看，更能表明屈原主观的思想动机与创作意图。

从整首诗的结构和内容来看，它是一首以四字句为基本格式的长诗，围绕天文、地理、历史、哲学等提出不少问题，这些问题既包括那些当时尚未解决的存在疑问的问题，也有一些明知原因而又问出以求得公道的问题。屈原对众多历史问题进行提问，其实是在表现他的思想感情、政治见解和对历史的总结、褒贬。而围绕自然进行的问题，表现的是其对宇宙的探索精神和对传说的大胆怀疑，从而可以看出屈原比同时代人超前的思想认识。而《天问》以独特的艺术手法表现博大精深的内容，也成了世界文库中独一无二的奇作。

从整体看来，屈原写作时是将全诗分为两大部分来写的。从开头到“羿焉彃日？乌焉解羽?”是第一部分。该部分又可分为若干小节，篇首至“阴阳三合，何本何化?”为一小节，写的是其对宇宙生成、天体情况和宇宙阴阳变化等内容的发问。第二小节是从“圜则九重，孰营度之?”到“角宿未旦，曜灵安藏?”，主要写的是对日月星辰的提问，问题有：日月星辰会不会坠落？太阳每天要走多少路？月亮怎么会有阴晴圆缺？……接下来到第一部分的结束处便是第三小节的内容，问的都是当时民间传说中的奇闻怪事。

在这一部分中，屈原主要围绕自然界的奥妙来发问，兼有其联想到的与自然相关的神话和历史传说，内容丰富万变，且生动有趣。细细读来，足以令人们对屈原丰富神奇的想象力佩服得五体投地。

接下来从“禹之力献功，降省下土四方。”至文末是屈原问询的第二部分内容，主要包括一些神话故事和历史史实与传说的问题。这一部分含有明确的时间脉络，主要围绕夏、商、周的人和事进行提问，涉及对象有女岐、鲧、禹、共工、后羿、启、浞、简狄、后稷、伊尹等。在对这些人与神的传说中，屈原大胆提出自己的怀疑，表达了自己的感情与爱憎。这一点，在鲧禹治水的传说中表现得尤为明显。屈原对鲧治水有大功而遭极刑深感同情与不满。他认为鲧被害的原因，不是因为犯了什么错，而是由于他为人正直、受人拥戴，所以引起了帝的嫉妒和猜疑。这一观点与屈原自身的遭遇极为相像，所以，这一部分的“天问”内容，其实是屈原对自己在政治斗争中所遭遇到的不公待遇所表达的愤懑之情。

紧接着，屈原又写了一些商周以后的历史故事和人物传说，包括舜、桀、汤、纣、比干、梅伯、文王、武王、师望、昭王、穆王、幽王、褒姒、齐桓公、吴王阖庐等，进一步发表自己对历史政治的正邪、善恶、成败、兴亡的看法。在对这一系列历史的总结中，屈原更加直接地表明了自己的政治立场，更加鲜明地说出自己对现实的不满，而且还借机劝谏君王以史为鉴，懂得任人唯贤的重要性。

《天问》一诗，除了内容丰富，涉猎广泛，想象离奇，寓意深远外，还有另一个奇特之处，即表现手法和语言运用与众不同。全诗以四字为句，间杂以三言、五言、六言、七言，大致四句为一节，每节一韵，节奏、音韵十分协调。而且，屈原又将它们以问句的形式紧密连接，有一句一问、二句一问、三句一问、四句一问等多种形式，最终形成清晰的脉络。在语言运用上，屈原又摒弃一般诗歌所常用的“兮”、“些”、“只”等语末助词，而多以“何”、“焉”、“胡”、“谁”、“孰”、“安”等疑问词交替使用，频繁变换。这样一来，即便通篇都是发问之句，也不显得呆板无趣，反而更显错落有致。

《天问》诗成，震撼九州。人们既佩服屈原无边无际的想象力，又倾慕于他“上知天文，下知地理”，博古通今的学识。而有心之人，更是从其发问中读出了他对历史的反思，对现实的抨击以及对未来的希冀。一时之间，《天问》被天下百姓奉为“天外奇书”。而后世文人，更是将其视为临摹与学习的典范，晋傅玄作《拟天问》，唐杨炯作《浑天赋》，宋柳宗元作《天对》，等等，可见其“天下至奇之杰作”的美誉并非浪得虚名。

第四节 誓从彭咸之所居

自郢都沦陷之后，屈原在短短的两三个月中，一口气写成《哀郢》、《怀沙》、《天问》三首动人诗篇。但他仍觉意犹未尽，总想着要再酝酿一首诗歌来抒发自己的心中情，胸中志。最近屈原总想着要尽快将自己“誓从彭咸之所居”的想法付诸行动，那么在酝酿中的这首诗歌便是他留在世上的最后绝唱，所以要比之前所写的诗歌都要全面、深刻。

公元前 278 年，农历五月初四的夜晚，对屈原来说是一个非比寻常的夜晚。在这个夜晚里，他正经历着“誓从彭咸之所居”的痛苦煎熬。他还要在这最后的夜晚，抓紧时间，将自己酝酿好的诗歌《惜往日》书写出来。

“惜往日”从字面上来理解，“惜”是爱惜、痛惜的意思。屈原爱惜的是什么？痛惜的又是什么呢？从诗中句来看，“惜往日之曾信兮”表达的是爱惜；“惜壅君之不识”表达的是痛惜。这二“惜”之间，屈原所表现的其实还是自己的爱国精神和法治思想。因为自己的理想被破坏，爱国之情也无处可寄，所以他痛苦非常，不得不死。死对他而言，不是一种逃避，而是他在无能为力之后所仅存的一点力量，他想借自己的死唤醒民众的爱国意识，也希望他的死能对遭遇亡国的顷襄王起一点点作用。

在诗中，屈原以一句“惜往日之曾信兮，受命诏以昭时”来追忆自己往日被怀王信任，官至左徒，主持变法，重整朝纲，振兴楚国时的事情。这段时光对屈原来说异常珍贵，所以值得他去珍惜、爱惜。在这一美好时光里，屈原尽忠职守，“奉先功以照下兮，明法度之嫌疑”将内政外交之事都处理得井井有条，不敢有丝毫懈怠。修明法度时也秉着认真负责的态度，条条框框都有章可循有法可依，不存在任何疑义。

后来，楚国在屈原的努力之下，呈现出“国富强而法立兮，属贞臣而日娭”的兴盛局面。出现这一局面，当然也有怀王的功劳，是他的信任和支持给了屈原方便与动力。不过好景不长，君臣间这种和谐的关系很快被打破了。“心纯庬而不泄兮，遭谗人而嫉之。君含怒而待臣兮，不清澈其然否。”意思是屈原的忠厚严谨，遭到了奸佞小人的嫉恨，因而被进谗言。君王听信谗言，大发雷霆，根本就不去弄清楚事实的真相便将屈原斥责一顿。这几句诗虽是屈原平和的叙述，但是其悲愤之情却跃然纸上。

之后，靳尚等人继续在怀王面前进谗言，屈原又遭受了更残酷的打击——见疏、流放汉北。这段日子里，屈原痛不欲生，但是想想还未完成的理想，想想半途而废的改革，想想身处水深火热的百姓，他又坚定信念，希望怀王能悔悟，重新接受他的“美政”思想。不过事与愿违，他始终不得信任。后来怀王死后，屈原又将希望寄托在顷襄王身上，继续尽忠直谏。但新国君仍旧昏庸不明，奸臣当道，屈原再次被放逐，流放江南。

流放江南之后，屈原处境更遭，希望返国竭忠尽智但是始终不见希望。于是，他悲愤地喊道：“弗参验以考实兮，远迁臣而弗思。信谗谀之溷浊兮，盛气志而过之。”埋怨顷襄王，斥责奸佞小人。刚刚为自己打抱不平之后，紧接着屈原又开始为君王着想起来了：“独障壅而蔽隐兮，使贞臣为无由。”都是奸佞小人的蒙蔽，才使君王不能任用忠臣的。可见，屈原对自己身死名灭毫不在乎，他只希望国君能远离这些奸佞之徒，这样国家才有救，人民才有望。

屈原写上述内容，不是在为之自己鸣不平，而是痛惜两位国君不能明察奸佞只会听信小人之言。所以，屈原又想到用历史上明君贤臣的例子劝谏君王了：“闻百里之为虏兮，伊尹烹于庖厨。吕望屠于朝歌兮，宁戚歌而饭牛。不逢汤武与桓缪兮，世孰云而知之。吴信谗而弗味兮，子胥死而后忧。介子忠而立枯兮，文公寤而追求。封介山而为之禁兮，报大德之优游。思久故之亲身兮，因缟素而哭之。”百里奚、伊尹、吕望、宁戚等均出身卑贱，可是他们的君主并不因其卑贱而忽视其才能，所以举而用之，终成霸业。

劝谏完君王，屈原心想自己再也承受不了任何打击了，而且也没有什么好遗憾和留恋的了，所以便再次说出了自己步彭咸之志的打算：“宁溘死而流亡兮，恐祸殃之有再。不毕辞而赴渊兮，惜壅君之不识。”屈原说他宁可突然死去，也不想再一次受祸患。说完这一切，他就要步入深渊，不过糊涂的君王肯定还是不理解自己的苦心。这是屈原的言志之句，无论君王听从与否，他都要说完才能放心去死。可见，屈原“从彭咸之所居”的意向已决。

终于写完了这首《惜往日》，屈原如释重负地出了一口长气。看着自己人生中最后一首诗篇，屈原的内心说不出是悲是喜，他只是突然觉得很累，想要躺下来休息一下。是的，现在已是深夜了，仆人睡下了，乡亲们也睡下了，他也应该歇息了，以便以最佳的状态慷慨赴死。

屈原的睡意很轻很浅，只睡了半个时辰便又醒了。起身之后，屈原觉得无事可做，不如就计划一下自己的死期吧！明日是五月初五，是“割其腓股以喻”君王的介子推、尽忠于吴国的伍子胥死难的日子。屈原想：“他们的经历与我多么相似啊，一个是不惜性命以事君王，结果却被遗弃；一个为吴国立下赫赫战功，却被吴王残忍杀害抛尸江中。他们都是忠贞之臣，都被君王辜负了。我明日一死，也就与他们一样了。”

不过，屈原对自己赴死的思考，并不仅仅是效仿古人，寻求解脱。他在流放中隐忍多年，经历过磨难，死对他来说是最容易的事。可即便是做一件最容易的事，他也要做得有意义。他早不死晚不死，偏偏选择在这个时候死，是有所考虑的：一是刺激流亡中的顷襄王彻底悔悟。二是用死唤醒百姓，激起大家的爱国心。一个临死都在为楚国、为君王、为百姓考虑的人，他的死即便如他想象的那样易如反掌，但在世人眼中却是重如泰山！

第五节 一颗巨星的陨落

慷慨赴死之前，必然要经历一个不眠之夜。屈原对生死已经看得相当透彻了，在写《离骚》的时候他就已抱定“吾将从彭咸之所居”的想法，写《天问》的时候他站在罗渊就有“一头扎进江水中”的冲动，所以他早就为死做好了准备。但是，对活着的人的安排他是否想得足够周全呢？

屈原死后，他的亲人必定哀伤欲绝，就是身边忠心耿耿的仆人也承受不了这一沉重打击。他是要以死激励百姓，可是与他朝夕相处的溆浦乡亲们能接受他的离去吗？如果秦兵打来，百姓们该往哪里逃难呢？想到这里，屈原的心又隐隐作痛起来。

这一夜，对屈原来说太过漫长，每一分每一秒对他来说都是煎熬，好像有一把尖刀插入他的心脏，越插越深，血越流越多……屈原在痛苦挣扎着，可是死对他来说是最好的选择，即便明日不死，后天、大后天、大大后天他还是会走向死亡的深渊。与其这样痛苦，不如想法解决。于是，他又拿出竹简，奋笔疾书，写下了自己的身后事。内容可能包括安慰亲人，为他们安排好避难的去处，还有吩咐仆人想办法将自己的藏书交给他的弟子宋玉等人，还有鼓励百姓好好生活……写完之后，屈原重新读了一遍，然后自言自语道：“这就是我的遗书了吧?”屈原将这封遗书悄悄地放到仆人的枕边，然后伸了一个懒腰，轻手轻脚地向屋外走去。

来到院中，屈原发现一切都那么安静，月亮高高的挂在天空，这样静谧的夜，仿佛楚国不曾亡国，仿佛百姓仍在过着安居乐业的生活，仿佛他明日不曾选择就死。是的，天空和周围都没有一点征兆，他赴死的打算只有自己一个人知道。

屈原轻轻地叹了一口气，然后向院中的马厩走去，他要看看他心爱的白马有没有吃饱，能不能在明日以最快的速度将自己带到汨罗江边去。可是，当他来到马厩跟前时，却被眼前的景象吓了一跳：马厩中的草满满的，白马正看着眼前的草料发呆，马蹄时而向前时而后退，似乎是在犹豫和挣扎是吃草料还是不吃草料。当看见主人屈原过来时，它抬起头，眼中噙满了泪水，流露出来的感情尽是忧伤与不舍。屈原被震住了，他没有想到他的马儿已经如此有灵性了，竟然预感到了主人即将离去的讯息……屈原忽然激动地流下了眼泪，他轻轻抚摸着马背，将脸贴在马的脸上，与它进行最后的亲密交流……

过了好一会儿，屈原才从与马儿的交流中清醒过来，他拍拍马背，亲自将草料送入它的口中，看它一点一点地将草料吃进嘴里，他才转身离开。

屈原来到一堆柴草中，从里面扒出两个三四十斤重的石锁来，又找来一个大麻袋，将石锁装进去。然后看马儿吃得差不多了，屈原将马儿牵出马厩，把那个装有石锁的麻袋放在马鞍上。安置好之后，确定马儿能承受这样的重量，屈原便一跃而上跳到了马背上。为了不吵醒仆人和附近的百姓，屈原小声地对马儿发出“出发”的口令，马儿也很配合，在没有出村的时候一直慢慢悠悠地轻跑着。

出了村子，马儿忽然健步如飞，在屈原的驾驭下朝着汨罗江奔去……一路上，看着熟悉的风景，屈原百感交集。他知道，他这一去这里的一切就再也与自己无关了，心中既有不舍，又有奔向新生的决然。

走着走着，天渐渐亮了起来，可是太阳始终躲在云层后面不出来。慢慢地，云层越来越厚，天彻底阴沉了。来到汨罗江边时，屈原一下马便打了一个寒战，起风了。屈原心想："本想着再看一眼绚丽的朝阳，与美妙的大自然做最后的告别……不过，这样也好，不用耽搁太多时间了，我的决心也不会再被动摇了，内心的煎熬与挣扎就少了一点。"

屈原是一个爱整洁，又注重仪容的人，即便赴死也要打扮得整整齐齐。他将身上的衣袍从上到下重新整理一下，将衣服的褶皱抚平。然后又捋一捋被大风吹乱的胡须和头发，接着又将身上的佩剑摆正，玉佩的坠子梳理好……一切整理妥当之后，屈原突然跪在地上，面朝西北郢都和秭归乐平里所在的方向，行了三拜九叩的大礼。行礼过程中，屈原一直表现得从从容容，行礼的动作十分标准，如果不看他脸上挂着的泪珠，还以为时光倒流看到了他第一次拜见怀王时的景象。

行过大礼之后，屈原将马背上的石锁卸下来绑在自己身上，然后慢慢移动脚步来到江边，没有一点停歇便纵身一跃跳入江中。只听"扑通"一声，江水四溅，屈原的身影便消失得无影无踪了……一颗巨星从此陨落，茫茫楚天暗无生色！

"三闾大夫投江啦，三闾大夫投江啦……"听到这一噩耗，百姓们纷纷往江边跑。从村中到汨罗江这一路上，到处都是男男女女老老少少，他们或神情紧张，或哀哭呼叫，或跪地长叹，或高声咒骂，一时间场面比秦兵入侵还要混乱。

渔夫们最先得知屈原投江的消息，他们强忍着悲痛迅速驾船打捞。可是在江中打捞了很久，都不见三闾大夫的踪影。渐渐地，最先打捞的渔夫们有些体力不支了，后来的百姓们见状，不管水性好不好纷纷跳下船接替渔夫，这样一拨一拨地换着打捞的人，一直从早上持续到傍晚，可是仍然一无所获。

“三闾大夫绝无生还的可能了，他再也回不到我们身边了！”村中最年老的那个老渔翁悲叹道。听到这一结论，百姓们失声痛哭，哭声把山都快震碎了，把江水都快震飞了……

一些不愿接受屈原已死事实的百姓，在第二天又来到了汨罗江边继续打捞。打捞活动一直持续到第三天夜里，因为始终不见屈原的尸体，百姓们终于放弃了。

一颗璀璨的巨星就这样陨落了，他再也回不到百姓身边，再也不能为楚国的命运奔走呼号，再也不用遭受世俗的垢污，再也不用承受流放的苦楚与煎熬，再也……是的，这颗巨星永远地消失了，消失得那么让人猝不及防，人们生前没有来得及为他做的事，就只能留在他死后了……

第六节 永远活着的丰碑

有些人活着，他已经死了，有些人死了，他还活着。如屈原这样的爱国诗人、政治家、思想家，他虽然死了，但是却永远是一块活着的丰碑，百姓们依然会想着他、念着他……

当得知屈原的尸体无法被打捞出来时，为了避免鱼虾鳖蟹啃噬他的身体，百姓们专门用糯米、楝树叶、竹叶包成粽子，缠上五色丝线丢入江中。百姓们这样做是希望鱼虾鳖蟹吃了糯米会被黏住嘴巴，看到像极了太阳光的五色丝线会害怕。因为屈原永远活在人们的心中，所以这种每年端午节包粽子的习俗便流传了下来，甚至还被传到后来的日本、朝鲜、韩国等国家，慢慢地成为一种习俗，一种宝贵精神的延续。

这种延续精神的过程，其实也是人们学习和进步的过程。从古到今，一代又一代的华夏儿女从屈原的爱国行为与精神中汲取养分，丰富自己的内心，左右自己的言行。此外，屈原那些千古卓绝的爱国篇章，也成就了一代又一代的文人墨客，令他们在优美诗歌中遨游徜徉的同时接收到一股伟大的力量，然后又传递出一种新的力量。

唐代大诗人李白在深入了解屈原之后，曾高呼“屈平诗赋悬日月”，并全面接收了屈原开创的浪漫主义写诗手法。而在精神层面，他更是对屈原的爱国情思倾慕不已。在安史之乱中，李白充分展现了自己从屈原身上汲取的爱国精神，将忧国忧民的情怀发挥到极致，创作了不少反映现实的诗篇。

唐代另一位大诗人，“诗圣”杜甫也是屈原的忠实拥护者，他一早便被冠以爱国诗人的标签。他以屈原为榜样，并借诗歌《最能行》感叹道：“若道士无英俊才，何得山有屈原宅?”表示自己要“窃攀屈宋宜方驾”，向屈原、宋玉看齐。杜甫的情操和命运可以说是与屈原一脉相承，他也忧国忧民胜过忧虑自己的处境，他也仕途坎坷不被重用，晚年凄苦之景与屈原的流放生活也十分相似。因而，杜甫对屈原的理解很深入也很细微，他所持有的精神就好像是屈原精神的再现与缩影。

陆游是南宋时期的一位爱国诗人，他将自己与屈原归为同一类人，非常理解和支持屈原的爱国行为，他用“《离骚》未尽灵均恨，志士千秋泪满裳。”抒发自己与屈原的共鸣，还用屈原曾传递的“楚能抗秦”的思想发出感慨“楚虽三户能亡秦，岂有堂堂中国空无人!”激励自己为国效力，收复失地。

与陆游为好友的同时期诗人辛弃疾，也非常敬佩屈原。他曾以屈原自比：“长门事，准拟佳期又误。蛾眉曾有人妒。”他还著有许多大气磅礴的诗歌，其中抒发的都是与屈原同属一气的爱国主义情怀。

此后历朝历代，都有文人写诗、写文章，来歌颂屈原的爱国行为。屈原虽然距今已有2000多年，但是他身上散发出来的爱国主义气息，传递出来的各种精神却离人们很近很近。每个人只要一了解屈原，便会被他身上闪耀着的光芒所折服。他就像是一块活着的丰碑，规范着人们的言行，启迪着人们的思想。

纵然光阴如梭，由春秋战国飞过千秋万代只是弹指一挥间的事情，可屈原依旧如当年那样“扈江离与辟芷兮，纫秋兰以为佩”，站在历史的高峰上，成为永恒的形象。因而他是不朽的，他一直活在长城内外、大江南北，活在每个华夏儿女的心中！

中国现代文学家、思想家郭沫若曾经说过：“无论何时何代的中国人，都是在他（屈原）的伟大影响之下。”在他爱国主义的影响下，我们的民族沉淀出“身在庙堂常怀忧”、“位卑未敢忘忧国”、“ 捐躯赴国难，视死忽如归”、“ 苟利国家生死以，岂因祸福避趋之”、“人生自古谁无死，留取丹心照汗青”等爱国意志。在他“虽九死其犹未悔”的执着精神的影响下，我们的民族表现出百折不挠、勇往直前、自强不息、锲而不舍、坚持不懈的民族精神。虽然，屈原为我们带来的影响是无形的，但却是有力的，影响着一代又一代的人奋发图强，求索大义。

当然，对屈原的这些影响，也有许多人持反对态度。他们片面而又偏激地认为：屈原是一个失败者，因为他在政治斗争中处在了下风，所以才会被君王抛弃，被百姓误解，最终投身江中。可是大家别忘了，他被流放的时候，精神状态一直是高昂的，他不停地关心百姓疾苦，不停地为振兴楚国谋划新的制度，不停地写诗劝谏君王……而他对美好理想的追求也从未停止过，“虽九死其犹未悔”是他的坚持，决不变节而从俗是他的傲骨。他至死坚守正道，坦然宣誓：“路漫漫其修远兮，吾将上下而求索。”是的，他的斗争从未停歇过，见疏、流放甚至投江，都不是他失败的节点，而是他进行下一场斗争的开始，可以说在精神的斗争中他是永远屹立不倒的。

无论如何，屈原在人们心中都是永恒的，因为“爱祖国、爱人民、爱自由、爱正义的诗人是永远不朽的。”屈原的永恒与不朽，不仅在中华大地上遍地开花，在世界的舞台上也大放异彩。1953年，世界和平理事会将屈原定为世界四大文化名人之一。从此，他的生平遭遇，他的爱国精神，他的不朽诗篇也呈现在了世界人们面前。从此，农历五月初五的端午节吃粽子、赛龙舟将被更多人理解，也将会有更多人参与。从此，纪念屈原不再仅仅是中国人的事，世界各国的某一角落也将会燃起虔诚的香火。

一个在古人与今人、国内与国外拥有一致好评，得到一致肯定的人，无论经历如何，无论身上还存在着哪些小瑕疵，都不会影响人们对他的热爱。这样的人，必然成为一块永远活着的丰碑，必将永远屹立在人们心中！